I0213235

Die Geschichte des ungarischen Nationalismus

Adam Markus

Die Geschichte des ungarischen Nationalismus

PETER LANG
EDITION

Bibliografische Information der Deutschen Nationalbibliothek
Die Deutsche Nationalbibliothek verzeichnet diese Publikation
in der DeutschenNationalbibliografie; detaillierte bibliografische
Daten sind im Internet über http://dnb.d-nb.de abrufbar.

Besonderer Dank gilt der **KPÖ** für die Finanzierung.

Umschlagabbildung: © Adam Markus
Aufgenommen in Szentendre, Ungarn,
Ostern 2013

ISBN 978-3-631-62563-7 (Print)
E-ISBN 978-3-653-01879-0 (E-Book)
DOI 10.3726/978-3-653-01879-0

© Peter Lang GmbH
Internationaler Verlag der Wissenschaften
Frankfurt am Main 2013
Alle Rechte vorbehalten.
Peter Lang Edition ist ein Imprint der Peter Lang GmbH.

Peter Lang – Frankfurt am Main · Bern · Bruxelles · New York ·
Oxford · Warszawa · Wien

Das Werk einschließlich aller seiner Teile ist urheberrechtlich
geschützt. Jede Verwertung außerhalb der engen Grenzen des
Urheberrechtsgesetzes ist ohne Zustimmung des Verlages
unzulässig und strafbar. Das gilt insbesondere für
Vervielfältigungen, Übersetzungen, Mikroverfilmungen und die
Einspeicherung und Verarbeitung in elektronischen Systemen.

www.peterlang.de

Mein Dank gilt Karl, Pali, Timár, Michi und Dinah.
Ohne Eure Unterstützung hätte dieses Buch
niemals erscheinen können.

Inhaltsverzeichnis

.

1. Vorwort

Ausgangspunkt

Ausgangspunkt für dieses Buch sind die politischen Veränderungen in Ungarn nach 2006. Veränderungen, die geprägt waren von einem rasanten Anwachsen des Nationalismus, Antisemitismus und militantem Rechtsextremismus. Es folgte der Wahlsieg der rechten und rechtsextremen Parteien bei den Wahlen von 2010. Mit der parlamentarischen 2/3 Mehrheit der rechtspopulistischen Fidesz und dem kometenhaften Aufstieg der Jobbik zu einer Großpartei, erschienen auch die ersten Fragen, warum die ungarische Bevölkerung einer solchen Partei eine Stimme gibt und was eigentlich die bestimmenden Themen in der ungarischen Politik sind. Dieses Buch versucht diesen Fragen nachzugehen und geht als Grundthese davon aus, dass zum Verständnis der heutigen politischen Lage, zuerst einmal das Verständnis der ungarischen Geschichte notwendig ist. Dies ist wichtig, da sich nationalistische Politiker und nationalistische Parteien auf die ungarische Geschichte berufen[1] und versuchen unter anderem ihren Irredentismus, aber auch ihre Vorstellungen von einer neuen Gesellschaftsordnung, mit historischen Vergleichen zu belegen.

Das 19. Jahrhundert gilt als Zeitalter der neuen Ideen. Eine dieser Ideen, die sich im Laufe des Jahrhunderts überall in Europa durchsetze, ist jene der „Nation". In diesem Buch wird der Frage nachgegangen, auf welche Weise diese Idee, die ungarische Politik seit mehr als 160 Jahren beeinflusst. So war es die Idee der „Nation", welche zur europaweiten Revolution von 1848/49 führte und damit eine Reihe von Ereignissen auslöste, die von größter Bedeutung zum Verständnis der ungarischen Geschichte sind. Die Revolution, dessen Niederschlagung, der Ausgleich und die Folgen des Ersten Weltkrieges, haben nationalistisches Denken in den Fokus der ungarischen Politik des 20. Jahrhunderts gerückt. Aus diesem Grund wird die bürgerliche Revolution der Anfangspunkt für dieses Werk sein und danach die Entwicklung des ungarische Nationalismus, parallel zur geschichtlichen Entwicklung Ungarns beleuchtet.

Ein weiteres Ziel dieses Buches ist die Entlarvung von rechtsextremen Geschichtslügen, vor allem was den Zweiten Weltkrieg und die Rolle der ungarischen Regierung darin angeht. Die häufig dargestellte Opferrolle Ungarns, steht genauso am Prüfstand wie die Rolle des „Reichsverwesers" Miklós Horthy im Holocaust.

Da die klassische „Kultur" (Literatur, Dichtkunst, Malerei, Bildhauerei, Architektur etc...) in Ungarn einen hohen Stellenwert genießt (und genoss), ist es auch wichtig pro Epoche mindestens eine herausragende künstlerische Persönlichkeit und dessen Werk kurz vorzustellen, um einen Einblick in die Gedankenwelt dieser Zeit zu bekommen. Alle dargestellten Persönlichkeiten spielen eine bedeutende Rolle in der ungarischen Gesellschaft und ihre Werke waren (und sind) maßgeblich am Meinungsbildungsprozess beteiligt.

Der ungarische Nationalismus ist ein sehr aktuelles Thema, er ist aber andererseits nichts Neues und wie dieses Buch zeigen möchte, bereits seit vielen Generationen ein wichtiger Teil der ungarischen politischen Landschaft. linke wie rechte Parteien, Gruppierungen und Einzelpersonen bedienten sich in den letzten 160 Jahren des Nationalismus um ihre Herrschaft, ihre Machtansprüche oder einfach nur ihre Programme zu legitimieren. Der ungarische Nationalismus veränderte dabei im Laufe der Jahre seine Form und folgte teilweise internationalen Trends oder begründete neue.

Die ungarische Sprache

Da sich die ungarische Sprache stark von der deutschen unterscheidet, soll folgende Tabelle Schwierigkeiten beim Übersetzen von Wörtern und Namen mindern:

Betonung: Im Ungarischen wird immer nur die erste Silbe des Wortes betont, vollkommen unabhängig von der Länge oder Zusammensetzung des Wortes.

Die Vokale der ungarischen Sprache existieren je in einer kurzen und einer langen Form, die langen Formen werden dabei durch die Zeichen " ´ " oder (bei Umlauten) " ´´ " gekennzeichnet. Es ist wichtig, die Länge der Vokale korrekt wiederzugeben, da sich die Bedeutung des Wortes sonst ggf. drastisch verändert.[2]

a	rundes, "kehliges" a, kurz, wie im deutschen "doch"	s	wie deutsches 'sch' in *schälen*
á	wie deutsches a, lang	dz	'ds'-Laut
e	offen, fast wie ä, kurz, wie im deutschen "fest"	cs	'tsch'-Laut wie in *Tschernobyl* oder *Kutsche*
é	wie deutsches e, lang	dzs	'dsch'-Laut wie in *Dschungel*
ő	wie deutsches ö, lang, wie "ö-ö"	dy	'dj'-Laut
ű	wie deutsches ü, lang, wie "ü-ü"	ly	wie deutsches 'j' in *Jagd*

r	kurzes, mit der Zungenspitze ge-rolltes 'r'	ny	wie im spanischen 'ñ' oder 'gn' im französischen *Cognac*
c	wie deutsches 'z'	sz	wie deutsches 'ß'
h	wie deutsches 'h', aber am Wortende stumm und nicht verlängernd wirkend	ty	'tj'-Laut wie in *Tja*
v	wie deutsches 'w'	zs	'sch'-Laut wie in *Jackett* oder *Garage*
z	wie deutsches 's' in *Susanne*		

Doppelte Konsonanten werden lange ausgesprochen, so zum Beispiel Fürst Batthyány ('bɔt:ia:ɲ). Kombinierte Konsonanten können auch in einer langen Form existieren, wobei der Einfachheit halber der zweite Buchstabe des ersten Konsonanten weggelassen wird, so zum Beispiel ssz (in Jössz? – Kommst du?).

Kritik politischer Fachausdrücke

Ein Buch welches sich mit der Geschichte des Nationalismus beschäftigt, kann nicht ohne eine Beschreibung des Begriffes selbst auskommen.

Begriffe wie „Volk", „Staat", „Nation" und deren Derivate, aber auch die verschiedenen Bezeichnungen für Staatsformen, werden manchmal synonym gebraucht. Sie müssen kritisch verwendet und ihre Bedeutung in der jeweiligen verwendeten Literatur hinterfragt werden. Die Kritik politischer Begriffe ist auch besonders wichtig, da deren Auswahl meist aus ideologischen Gründen erfolgt. Solche Begriffe sind meist Produkte von politischen Auseinandersetzungen, ihre Bedeutung unterscheidet sich je nach Land und Sprache und sogar innerhalb der deutschen Sprache. Was die Übersetzung ungarischer Quellen angeht wird diese noch dadurch erschwert, dass bestimmte ungarische Begriffe auf Deutsch eine ganz andere Bedeutung haben können.

Volk, Staat und Nation werden in Fachlexika folgendermaßen beschrieben:

Nation [....] bezeichnet eine Gemeinschaft von Menschen, die sich aus ethnischen, sprachlichen, kulturellen, und/oder polit. Gründen zusammengehörig und von anderen unterschieden fühlen.[3]	Der Staat [....] kennt viele Begriffsverständnisse [....] Traditionellerweise wird der S. definiert durch drei Elemente: Staatsgebiet, Staatsvolk (Staatsbürgerschaft) und Staatsgewalt.[4]	Volk bezeichnet in der politischen Fachsprache Unterschiedliches: in erster Linie eine Großgruppe, die durch stammesmäßige Herkunft, Sprache und (oder) geschichtliche Tradition verbunden ist.[5]

Das problematischste dieser Begriffe ist der Begriff „Volk", welches in mehreren Fachlexika nicht einmal vorkommt. Wo er vorkommt, wird auf seine vielfältige und unklare Bedeutungsmöglichkeit hingewiesen. Daher wird dieser Begriff im Buch mit größter Vorsicht verwendet.

Der Staat wird im beschriebenen Sinn, also als Gebiet mit Grenzen, Verwaltung, Staatsbürgern (jedweder Herkunft) verstanden. Als zusätzliche Kategorie muss ein Staat aber auch die internationale Anerkennung anderer Staaten haben. Dieser Punkt ist gerade für Ungarn nach dem Ersten Weltkrieg wichtig, da der Staat ab diesem Zeitpunkt international anders anerkannt wird, als von großen Teilen der ungarischen Bevölkerung (aber dazu später).

Die Nation ist eine Konstruktion, die nicht an Staatsgrenzen gebunden ist und eine Gruppe von Menschen verbindet, die sich dieser Gruppe zugehörig fühlen. Im konkreten Fall werden von Seiten der nationalistischen Propaganda, die im Ausland lebenden Ungarn als Teil der ungarischen Nation verstanden, während in Ungarn lebende Minderheiten nicht zur Nation gehören. Neben dem modernen Begriff der Nation, gibt es in Ungarn auch den Begriff der „natio Hungarica", was alle im Königreich Ungarn lebenden Nationalitäten umfasste (also zB. Slowaken, Serben usw.) und einem Nationenbegriff entspricht wie er vor dem Zeitalter des Nationalismus gepflegt wurde. Er erfreut sich in der täglichen Politik (vor allem in revisionistischen Zusammenhängen) immer noch größter Beliebtheit.

Der Begriff des Nationalismus wird auch auf verschiedene Weise beschrieben, wobei oft eine Abgrenzung zum Patriotismus gesucht wird. So schreiben Nohlen und Grotz im *Kleinen Lexikon der Politik*[6]:

Nationalismus Ideologie und/oder soziale Bewegung, die territorial und wertorientiert auf die ->Nation bzw. den ->Nationalstaat ausgerichtet ist und eine bewusste Identifikation und Solidarisierung mit der nat. Gemeinschaft voraussetzt.
Zu unterscheiden sind ein inklusiver und ein exklusiver Nationalismus (N.).

14

(1) Inklusiver N. bezeichnet jene moderate Form von Nationalbewusstsein oder Patriotismus die alle polit. –kulturellen Gruppen einschließt und damit für das -> Politische System eine in hohem Maße integrierende und legitimierende Wirkung entfaltet. […]

(2) Exklusiver N. ist gekennzeichnet durch ein übersteigertes Wertgefühl, das in Abgrenzung zu anderen Staaten oder Nationen die eigenen nat. Eigenschaften überhöht bzw. sie sie anderen gegenüber als höherrangig ansieht. Die Forderung nach Übereinstimmung von ethnischen und polit. Grenzen korreliert mit der Ausgrenzung anderer Ethnien und der radikalen Ablehnung von „Fremdherrschaft". Brutale Übersteigerungen mit Vertreibung und Vernichtung ethnischer Minderheiten sind u. a. der dt. –> Nationalsozialismus, der italienische -> Faschismus und die ethnischen Säuberungen in den sowjetischen und jugoslawischen Nachfolgestaaten.

Generell wird der Nationalismus negativ bewertet. So erscheint „Im Interesse der Erhaltung und Festigung der Friedensordnung innerstaatlich und weltweit […] lediglich ein gemäßigter Nationalismus vertretbar."[7]

2. Die Entstehung der „ungarischen Nation"

Die Länder der Stephanskrone

Der ungarische Nationalismus ist wie die meisten europäischen Nationalismen ein Produkt der gesellschaftlichen Veränderungen des 18/19 Jahrhunderts. Beflügelt durch die Französische Revolution und den Veränderungen in der europäischen Gesellschaft (Industrialisierung, Kapitalismus....) begannen sich überall in Europa Nationalbewegungen zu formen[8]. Diese gewannen innerhalb des 19. Jahrhunderts immer mehr an Bedeutung und formten schließlich mit ihren Forderungen nach Nationalstaaten die politische Landkarte Europas neu. Die wahrscheinlich bedeutendsten nationalen Bewegungen dieser Zeit waren hierbei die italienische und deutsche. Die gefährlichsten Krisenherde bei dieser Entwicklung waren die großen „Vielvölkerstaaten" Österreich-Ungarn, Russland und das Osmanische Reich.

Was die Entwicklung in Ungarn angeht, ist der bedeutendste Kulminationspunkt des ungarischen Nationalismus, die bürgerliche Revolution von 1848/49. Die Ideen für ein zukünftiges Ungarn änderten sich während der Revolution mehrfach, sodass sich aus dem Konzept der politischen Autonomie innerhalb des Habsburger-Reiches, immer mehr das Konzept eines unabhängigen Staates, nach dem Muster Frankreichs entwickelte (also eines Staates wo die Zugehörigkeit zur „Nation" nicht von der Abstammung abhing). Bevor das Thema der Revolution von 1848/49 eindringlicher behandelt wird, muss die Ausgangslage der ungarischen Nationsbildung und einige ihrer wichtigsten Mythen genauer beleuchtet werden. Besonders wichtig sind in diesem Bereich der Kult um die Stephanskrone und die „Länder der Stephanskrone", sowie die Schlacht bei Mohács und deren Konsequenzen für Ungarn.

Das Königreich Ungarn, mit seinen historischen Grenzen innerhalb der Österreichisch-Ungarischen Monarchie, ist bis heute die Grundlage für den ungarischen Irredentismus (Forderung der Vereinigung aller Mitglieder einer „Nation" in einem Staat). Auf den Darstellungen dieses „historischen Ungarn" werden die Länder der Stephanskrone als ein geschlossenes Gebiet im pannonischen Becken und an der Adria dargestellt. Darüber hinaus wird die Vorstellung vermittelt, dass dieser Staat von der Gründung des Königreichs Ungarn im Jahre 1000 bis zu seinem Ende 1919 durchgehend in dieser Form existierte. Die auch in der deutschen Sprache unter diesem Namen bekannten „Länder der Stephanskrone[9]" umfassten am Ende des 19. Jahrhunderts neben dem heutigen Staatsgebiet Ungarns, Staaten wie die Slowakei, Kroatien (ohne Dalmatien und Istrien) und Länder wie die Vojvodina, Siebenbürgen, die Karpatenukraine und das Burgenland[10]. Es sind dies die Gebiete, welche nach dem Ausgleich von 1867 als Teile der ungarischen Reichshälfte galten. Da all diese Gebiete heute außerhalb der ungarischen Staatsgrenze liegen, ist die „Wiederherstellung der historischen Grenzen" eine der wichtigsten Programmpunkte jeder nationalistischen Bewegung seit dem Ersten Weltkrieg. Leider wird bei solchen Forderungen übersehen, dass die Definition der historischen Grenzen, an sich schon problematisch ist, da neben der 158 Jahre langen türkischen Teilung (faktisch seit der Besetzung Budas 1541-1699)[11], der Teilung der Länder der Stephanskrone in Ungarn und Siebenbürgen bis 1867 und der jahrhundertelangen eigenen administrativen Verwaltung der Militärgrenze (zum Osmanischen Reich), Ungarn bis zur Auflösung der Österreichisch-Ungarischen Monarchie nicht als eigenständiger Staat existierte. In diesem Zusammenhang sei auch Kroatien erwähnt, welches durchgehend seine Autonomie wahren konnte. Somit kann nicht von einem 900 Jahre existierenden, unabhängigen Staat im modernen Sinn gesprochen werden.

Was die „Einheit" Ungarns angeht ist die erste Zäsur mit der Schlacht von Mohács 1526 verbunden. Diese Ereignisse spielen im nationalen Gedächtnis Ungarns eine sehr wichtige Rolle. Mohács gilt als großer Wendepunkt der ungarischen Geschichte[12], als Punkt an welchem die Eigenständigkeit des Königreichs Ungarn endete. Zwar war das Königreich Ungarn davor nicht als moderner Staat im heutigen Sinn zu verstehen, aber es hatte doch als geschlossene unabhängige administrative Einheit existiert. Somit stellt die Niederlage in Mohács und die daraus folgenden Streitigkeiten um den ungarischen Thron, sowie die Aufteilung des Reiches in drei Teile, eine eindeutige Zäsur dar. Davor wurden in Kriegen Randgebiete des Königreiches gewonnen oder verloren. So eroberte König Matthias Corvinus weite Teile Niederösterreichs, Mährens und der Steiermark. Auch waren Serbien, Bosnien und Herzegowina und die Walachei zeitweise Teile des ungarischen Herrschaftsgebiets. Nach Mohács hat das Osmanische Reich aber zentrale Bereiche von Ungarn besetzt und diese knapp 160 Jahre halten können.

Die Schlacht zwischen dem Osmanischen Reich und Ungarn endete nach einigen schwerwiegenden Fehlern der Ungarn mit einer vernichtenden Niederlage und dem Tod des noch jungen Königs, Ludwig II. Schon vor dem Krieg hatten Streitigkeiten im Adel und der Kuruzzenaufstand von Georg Dózsa (Bauernaufstand) zu einer bedeutenden Schwächung des Staates beigetragen[13], was bereits zum Verlust von Belgrad (1521) an Süleyman I (den Prächtigen) geführt hat. Der Kampf gegen die Leibeigenschaft hat die Unterstützung der Bauern für den Adel stark eingeschränkt, die Moral geschwächt und zu Bauernaufständen geführt. Diese Situation konnte der osmanische Herrscher für sich nutzen und das geschwächte Ungarn angreifen. Nach dem Sieg konnte der osmanische Heerführer noch Teile des Landes plündern, bevor er sich zurückzog und im Jahre 1541 endgültig zurückkehrte. In der Zwischenzeit entbrannte ein Streit zwischen Ferdinand I aus dem Hause Habsburg und Johann Zápolya, dem Wojewoden von Siebenbürgen, um die Königswürde. Durch eine kluge Heiratspolitik seiner Vorfahren und viel Glück konnte der Habsburger einen Anspruch auf den Thron anmelden, welcher auch von einigen Adeligen anerkannt wurde. Zápolya hingegen vermochte einen anderen Teil der Adeligen von seiner Eignung zum König überzeugen. Beide wurden gekrönt, Süleyman I unterstützte aber Zápolya und es tobte über einige Jahre hinweg ein Krieg mit Ferdinand I von Habsburg. Schließlich schlossen Ferdinand I und Johann Zápolya einen Friedensvertrag (Frieden von Großwardein), dies war jedoch mit der Voraussetzung verbunden, dass nach dem Tod Zápolyas Titel und Länder auf das Haus Habsburg übergehen[14]. Als dem König unerwarteter Weise ein Erbe geboren wurde, entschloss er sich den Vertrag zu brechen und doch seinem Sohn die Königswürde zu vermachen. Im Jahre 1540 wurde Johann Sigismund Zápolya geboren und nach dem plötzlichen Tod des Vaters sofort zum König von Ungarn gekrönt. Als daraufhin Ferdinand I seinen Thronanspruch geltend machen wollte, marschierte Süleymann I in Buda ein, und besetzte Zentralungarn[15]. Johann Sigismund, dessen Interessen er offiziell schützen wollte, überließ er die Herrschaft über Siebenbürgen und Ferdinand I konnte noch Teile von West- und Nordungarn halten. Diese Dreiteilung des Königreichs bestand bis 1699, als (fast) das gesamte ehemalige Gebiet Ungarns unter der Herrschaft der Habsburger vereint wurde[16].

Mit dem Jahre 1699 endet die osmanische Herrschaft über Ungarn und die Habsburger beginnen Sukzessive ihre Herrschaft über das gesamte Königreich auszuweiten. Die innere Befriedung ist 1711 mit dem Frieden von Sathmar (Szatmár) abgeschlossen, wo die ungarische Standesordnung wiederhergestellt wird[17] (Einigung mit dem teilweise rebellischen ungarischen Adel), der äußere Frieden wird 1718 im Frieden von Passarowitz erreicht[18]. Im Gegensatz zu Serbien oder Bulgarien wurde nicht die gesamte nationale Elite verdrängt oder assimiliert, und Teile des ungarischen Adels, sowie die Institutionen des alten Königreichs konnten in Nordungarn und Siebenbürgen überleben. Mit der „Wiedervereinigung" des Landes wurden die alten Herrschaftsstrukturen wiedererrichtet und eine Kontinuität mit dem alten Königreich wiederhergestellt. Manche Errungenschaften blieben aber auch bestehen, so war Bratislava (Pressburg, Pozsony) während der osmanischen Herrschaft die Krönungsstadt der ungarischen Könige und blieb es auch bis 1830.

Die Zeit der türkischen Herrschaft hatte im ganzen Land tiefe Spuren hinterlassen. Neben den regulären Kriegszügen konnten kleinere Armeen jederzeit die Grenzen überqueren und auf Beutejagd gehen, ohne einer Kriegserklärung zu bedürfen. Dies geschah vor allem in den Grenzgebieten, also einem ca. 50km breiten Streifen beiderseits der Grenzen und um das gesamte türkische Gebiet herum. Nach der Eroberung durch die Habsburger war ein Großteil des Landes durch den jahrzehntelangen Kleinkrieg verwüstet und entvölkert, sodass große Gebiete mit neuen Einwanderern besiedelt werden mussten. Diese Besiedelungswellen waren mitverantwortlich für die kulturelle Vielfalt im Ungarn der Habsburger Monarchie, wobei vor allem zahlreiche deutschsprachige Siedlergruppen, aber auch Gruppen von christlichen Flüchtlingen aus dem Osmanischen Reich, also hauptsächlich Menschen mit serbischer und rumänischer (walachischer) Muttersprache verstärkt einwanderten. Das Ergebnis war ein multiethnisches Ungarn, welches keineswegs den Vorstellungen einer heutigen Nation, mit nur einer vorherrschenden kulturellen und sprachlichen Gruppe entsprach.

Vom Jahre 1699, bis zur Auflösung 1919 war das Land de jure ein integraler Bestandteil des Herrschaftsgebietes der Habsburger und bis zuletzt kein souveräner Staat. Diese Feststellung ist deshalb wichtig, weil ein Großteil der heutigen nationalistischen Propaganda auf der Behauptung beruht, dass Ungarn seit dessen Gründung im Jahre 1001, als eigenständiger und großer Staat bestand.

Könige und Revolutionäre

Die Entstehung einer „Nation" ist meist mit dem Namen bedeutender Persönlichkeiten verbunden. Historische Persönlichkeiten werden herangezogen um die eigenen politischen Ziele zu rechtfertigen. Besonders gut eignen sich hierfür Könige/Königinnen, Revolutionshelden, religiöse Persönlichkeiten und „Märtyrer". Idealerweise können Nationalhelden mehrere oder gar alle diese Funktionen in sich vereinen. In der ungarischen Geschichtsschreibung herrscht kein Mangel an solchen Persönlichkeiten, wobei für dieses Buch nur einige der bedeutendsten Helden und ihre Funktion beleuchtet werden können.

Neben mystischen Königen wie Árpád und den so genannten „Landnehmern" (Honfoglalók) ist Stephan I (der Heilige), der mit Abstand bedeutendste König in der ungarischen Geschichte. Stephan I war es, mit dessen Krönung im Jahre 1000 die Gründung des christlichen Königreich Ungarn in Verbindung gebracht wird.[19] Dies vor allem, weil er besonderen Eifer in die Christianisierung der Bevölkerung legte. Als Dank wurde Stephan I heiliggesprochen und gilt seither als Nationalheiliger der Ungarn. Der Tag seiner Heiligsprechung am 20. August (1083) ist heute einer der Nationalfeiertage Ungarns und die ihm zugesprochene Krone gilt für viele bis heute als einziges legitimes Zeichen der Herrschaft. Die Stephanskrone und die so genannte „Lehre der Heiligen Krone[20]" (Szent Korona -tan) sind in der rechtsextremen Szene Ungarns bis heute wichtige Symbole. Die Krone gilt in diesen Kreisen als eine der wichtigsten Grundlagen des Irredentismus und Nationalismus. So fordern rechtsextreme

Gruppen die Einführung einer „Lehre der Heiligen Krone", einer Art Verfassung, welche auf den Prinzipien der Krone beruht und die Stephanskrone als einzige Rechtsgrundlage kennt[21]. Dies legitimiert antidemokratisches Denken und Handeln, da nicht eine demokratische Verfassung, sondern die Krone und die damit verbundenen mittelalterlichen Gesetze als Rechtsgrundlage gelten würden. Der vielleicht bedeutendste rechtsradikale Radiosender heißt „Radio der Heiligen Krone" (Szent Korona Rádió) und propagiert die „Werte" der „Lehre der Heiligen Krone". Entgegen der heutigen Interpretation waren die Vorstellungen Stephans I jedoch sehr tolerant gegenüber Minderheiten, was eines seiner Briefe an seinen Sohn Emmerich beweist[22]:

§ 2 Sicut enim ex diversis partibus provinciarum veniunt hospites, ita diversas linguas et consuetudines , diversaque documenta et arma secum ducunt, quae omnia regiam ornant et magnificant aulam, et perterritant exterorum arrogantiam.	§2 Gleichwie nämlich Fremde aus verschiedenen Provinzen kommen, ihre verschiedenen Sprachen, Gebräuche und unterschiedlichen Lehren und Waffen mit sich führen, schmücken sie alle den Palast und den Königshof und verschrecken ausländischen Hochmut.
§3 Nam unius linguae uniusque moris regnum, imbecille et fragile est.	§3 Denn brüchig und schwach ist das Land mit nur einer Sprache und Sitte.
§4Propterea iubeo te, fili mi! ut bona voluntate illos nutrias, et honeste teneas, ut tecum libentius degant quam alibi habitent.. []	§4 Deswegen verordne ich dir mein Sohn, dass du sie guten Gewissens ernährst, und anständig behandelst, damit sie lieber mit dir leben, als sich woanders niederzulassen.

Ein weiterer bedeutender König in der ungarischen Geschichtsschreibung ist der in Klausenburg/Cluj - Napoca (Siebenbürgen), also im heutigen Rumänien geborene König Matthias Corvinus. Unter seiner Herrschaft hat das Königreich Ungarn seine größte Ausdehnung erfahren und reichte von der Lausitz und Mähren, nach Niederösterreich und über die Steiermark bis nach Bulgarien. Corvinus galt als großer Feldherr und Gegner der Osmanen, aber auch als Modernisierer des Staates und als erster Renaissance- Herrscher Ungarns. Er war zeitweise der Lehnsherr von Vlad III „Țepeș" (besser bekannt unter seinem „Künstlernamen" Dracula), dessen Unterstützung er sich für seine Kriege bediente und dessen walachische Ländereien zeitweise unter ungarischer Oberhoheit standen[23]. Corvinus hat mit einer Kette von Festungen, der Aufstellung eines stehenden Heeres und der Ansiedlung von Wehrbauern die ungarischen Grenzen befestigt[24].

Matthias I wurde schon zu Lebzeiten für seinen Kampf gegen die Osmanen, vom Papst und zahlreichen europäischen Fürsten gewürdigt und unterstützt[25]. Er war der letzte bedeutende König Ungarns bevor es erobert und zerteilt wurde. König Matthias eroberte auch Wien und residierte bis zu seinem Tod in dieser Stadt. Er verfasste einen modernen Kodex und schuf damit eine der wichtigsten Grundlagen des ungarischen Rechts[26]. Mit dieser Lebens-geschichte eignete er sich im 19. Jahrhundert hervorragend als Gallionsfigur des aufkeimenden Nationalismus.

Interessanterweise wird Matthias Corvinus auch von der rumänischen Geschichtsschreibung als nationaler Held beansprucht. So steht auf dessen Klausenburger Geburtshaus (auf den rumänisch- und englischsprachigen Gedenktafeln), dass er aufgrund seines Vaters Johann Hunyadi/Hunyadi János/Iancu de Hunedoara rumänischer Abstammung sei und somit als Rumäne König von Ungarn wurde. Die Familie Hunyadi stammte aus der Walachei und es war der Großvater von Matthias, welcher (als walachischer Adeliger) nach Ungarn kam, geadelt, und mit dem Gut Hunyad belehnt wurde[27]. Ungarische wie rumänische Nationalisten können so Matthias für sich beanspruchen, wobei beide vom Irrglauben ausgehen, dass es in dieser Zeit überhaupt so etwas wie eine nationale Zugehörigkeit gegeben hätte. Grundsätzlich ist anzunehmen, dass Matthias mehrsprachig war und keineswegs einen Nationsbegriff kannte, wie er heute verwendet wird, davon abgesehen trug er auch noch den Titel des Herzogs von Österreich und des Königs von Böhmen etc..

Die wichtigste rechtsextreme Internetseite Ungarns heißt www.kuruc.info. Sie verweist in ihrem Namen auf eine weitere Gruppe an „nationalen Helden", nämlich die Kuruzzen. Zahlreiche bedeutende Namen verbinden sich durch die Jahrhunderte mit dem Begriff der Kuruzzen, wobei die Bezeichnung Kuruzzen zum einen, aufständische Bauern gegen die ungarischen Magnaten im Jahre 1514, zum anderen aufständische Protestanten und Adelige gegen die Habsburger im 17. Und 18. Jahrhundert bezeichnet. In beiden Fällen handelt es sich um Volksaufstände wegen schlechter Lebensumstände, Entrechtung, Leibeigenschaft oder religiöser Verfolgung. Der erste große Kuruzzenführer war der Reiterhauptmann Georg Dózsa (Dózsa György), ein Siebenbürger Székler (eine ungarische Volksgruppe), der ein rebellierendes Heer an Bauern anführte, die zur Leibeigenschaft gezwungen wurden und deren rechtliche und wirtschaftliche Lage sich in diesen Jahren dramatisch verschlechterte[28]. Ursprünglich sollte Dózsa ein Kreuzzugsheer gegen die Osmanen führen. Als sich jedoch immer mehr Leibeigene zusammenfanden, um aus ihrer tristen Lage zu entkommen, zog der Adel die Unterstützung für das Kreuzzugsheer zurück, was zu einer Revolte der Bauern führte[29]. Der blutige Bürgerkrieg endete mit der Niederschlagung des Aufstands, schuf aber eine der Voraussetzungen für den türkischen Angriff auf Ungarn, einige Jahre später.[30]

Dózsa gilt für Ideologen, rechts wie links im politischen Lager, als wichtiger nationaler Held. Bereits in der Revolution 1848 wurde auf ihn Bezug genommen und zahlreiche bedeutende Dichter verfassten seitdem Werke zu seinen Ehren (Petöfi, Ady, Illyés). Besondere Aufmerksamkeit bekam er aber während der Zeit des „Realsozialismus", wo er als Führer einer bäuerlichen Revolution gegen den Adel, verehrt wurde. Heute wird er auch von Rechtsextremen als Revolutionär gegen eine unterdrückende Obrigkeit verehrt, als „Mann aus dem Volk" der sich gegen die Oberschicht erhob. Dass er selbst adelig war, wird bei solchen Zuschreibungen gerne übersehen.

Im 17. und 18. Jahrhundert fanden mehrere Aufstände gegen die Habsburger statt, welche ebenfalls als Kuruzzenaufstände bezeichnet werden[31]. Auslöser für diese Revolutionen war die absolutistische Politik der Habsburger, Streit um die Verteilung des von den Osmanen erbeuteten Landes und die Gegenreformation. Der Anführer des letzten und größten Aufstandes, Franz II Rákóczi (II. Rákóczi Ferenc) gilt als weiterer ungarischer Säulenheiliger. Der Sohn, der aus dem kroatischen Hochadel stammenden Jelena Zrinski (Zrínyi Ilona), wurde in eine Familie von Revolutionären hineingeboren. Es finden sich sowohl mütterlicherseits wie auch väterlicherseits zahlreiche Verschwörer und anti-Habsburger Aufständische in seiner Familie. Enttäuschung über die nur bruchstückhafte Rückgabe der Ländereien seiner Familie ließen den in Wien aufgewachsenen Rákóczi zum Revolutionär werden. Von 1703 bis 1711 führte er den größten ungarischen Aufstand gegen die Habsburger vor 1848 an. Neben seiner Beschäftigung als Revolutionsführer bewarb sich Rákóczi um den polnischen Thron und knüpfte enge Kontakte mit Frankreich, dessen Krieg mit dem Hause Habsburg gerade zur rechten Zeit kam[32]. Militärisch musste Rákóczi schlussendlich zwar eine Niederlage hinnehmen und das Land verlassen, politisch wurden dem König (und Kaiser) aber weitreichenden Zugeständnissen abgerungen und die Vorrechte des Adels abgesichert. Erst im Jahre 1848 sollte sich in Ungarn wieder eine große Revolution ereignen.

Die Herkunft und der Erziehung Rákóczis kennzeichnen ihn als typischen Aristokraten, der sich im Gegensatz zu späteren nationalen Führungspersönlichkeiten nicht an ein Land, sondern mehr an seinen Stand gebunden sieht. Sein Vater war der Fürst von Siebenbürgen und an einer Verschwörung (Magnatenverschwörung) gegen Kaiser Leopold I beteiligt. Seine Mutter, die kroatische Adelige Helena Zrinski galt genauso als erklärte Gegnerin der Habsburger wie sein Stiefvater Imre Thököly. Erzogen und geprägt wurde er aber durch die Jesuiten in Böhmen, wo er (abgesehen von Wien) einen Großteil seiner Jugend verbrachte[33]. Er war der lateinischen und französischen Sprache mächtig und verfasste seine Hauptwerke in diesen Sprachen. Seine radikale Gegnerschaft zu den Habsburgern und die bereits aufkeimenden nationalistischen Tendenzen in seiner Politik und Rhetorik sind gut sichtbar. Beim Friedenschluss mit dem König verzichtete er auf seine Amnestie[34] und verließ stattdessen das Land um in Frankreich und Polen gegen das Haus Österreich zu agitieren. Bis zu seinem Tod im osmanischen Exil pflegte er eine radikale Rhetorik gegen die Habsburger und legte mit seinen Büchern über den Aufstand[35], Grundsteine für den aufkeimenden ungarischen Nationalismus. Das erfolgte jedoch in der Sprache der damaligen Aristokratie, auf Französisch.

Die große Revolution von 1848/49

Der wichtigste Moment für die Herausbildung des ungarischen Nationsbewusstseins war die Revolution von 1848/49. Bis heute ist die Revolution in Ungarn allgegenwärtig und Lajos Kossuth (Kossuth Lajos 1802-1894), Finanzminister und Revolutionsführer sein Held. Der 15. März als Beginn der Revolution ist auch einer der drei offiziellen Staatsfeiertage Ungarns.

Die Ereignisse, welche zur Revolution von 1848 geführt haben, sind vielfältig und nicht auf Ungarn beschränkt. Nach der Niederschlagung Napoleons und der Neuordnung Europas am Wiener Kongress (1814-1815) folgte eine Periode der Restauration und Wiedererstarkung der Monarchien. Jedoch hatte die französische Revolution in ganz Europa ihre Spuren hinterlassen und nationalistische Gruppierungen gewannen genauso an Macht, wie das Bürgertum, oder die bürgerliche Intelligenz. Im Reich der Habsburger waren diese Gruppierungen einem starken Unterdrückungsapparat ausgesetzt (geleitet von Fürst von Metternich). Dessen Polizeistaat wurde zum Vorbild moderner Diktaturen. Metternich leitete einen Großteil der Regierungsgeschäfte unter Kaiser Franz I (II), war ein entschiedener Gegner liberalen und nationalen Denkens, sowie der bürgerlichen Freiheiten wie der Pressefreiheit oder der Versammlungsfreiheit. Entgegen den starken Polizeirepressionen wuchs die Unzufriedenheit in der Bevölkerung, bis sie im Jahre 1848 europaweit ausbrach und zu Revolutionen führte.

Das Revolutionsjahr 1848 begann für die Monarchie in Norditalien, wo die ersten nationalen Aufstände ausbrachen. Bald darauf folgten Wien und dann auch schon Budapest und Graz. Meist waren es die Bürger der Städte, die für Mitbestimmung und mehr Rechte auf die Straße gingen und nach einer Zeit des stillen Ruckzuges und der totalen Polizeiüberwachung, Bürgerrechte einforderten.

Nachdem der revolutionäre Funke auch Ungarn erfasst hatte, sahen auch die ungarischen Nationalisten unter der Führung von Lajos Kossuth ihre Zeit kommen. Am ständischen Landtag, Anfang März in Pressburg, ergriff dieser die Initiative und erstellte ein Programm für ein neues nationales Ungarn. Diese Forderungen wurden Mitte März von Irinyi József (Joseph) in den folgenden 12 Punkten zusammengefasst[36]:

Was die ungarische Nation will.

Es werde Frieden, Freiheit und Eintracht!

1. Wir wollen Pressefreiheit und die Abschaffung der Zensur.

2. Eine verantwortliche Regierung in Buda - Pest.

3. Einen jährlichen Landtag in Pest.

4. Bürgerliche und religiöse Gleichheit vor dem Gesetz.

5. Eine ungarische Nationalgarde.

6. Gemeinsame Steuer-und Abgabenbelastung.

7. Abschaffung der Adelsprivilegien (Einstellung der Fronarbeit).

8. Geschworenengerichte, Vertretung auf der Grundlage der Gleichberechtigung.

9. Eine Nationalbank.

10. Die Armee muss auf die Verfassung vereidigt werden, ungarische Soldaten sollen nicht ins Ausland geschickt werden, ausländische Soldaten sollen abziehen.

11. Die Freilassung der politischen Gefangenen.

12. Union (mit Siebenbürgen).

Die ungarischen Revolutionäre, begannen sofort mit der Bildung einer neuen Regierung unter Lajos Batthyany als Ministerpräsidenten, Lajos Kossuth als Finanzminister und den gemäßigten Grafen István Széchényi als Verkehrsminister[37]. Diese Regierung arbeitete auf Grundlage der 12 Punkte eine Reihe von Gesetzen aus, welche schließlich als so genannte März/Aprilgesetze dem König vorgelegt wurden. Bedrängt durch die Revolutionen in Italien und Wien stimmte der König schließlich zu und ermöglichte damit eine gewaltlose Revolution in Ungarn[38].

In Wien war die revolutionäre Lage angespannter. Als eine Demonstration vom Militär beschossen wurde, versammelte sich (aufgestachelt von den ungarischen Forderungen) eine große Menschenmenge vor der Hofburg und forderte die sofortige Absetzung Metternichs. Dieser Forderung wurde schon am ersten Tage der Revolution nachgegeben. Staatskanzler Metternich wurde seines Eides und seiner Ämter enthoben und flüchtete schließlich nach England[39]. In weiterer Folge musste auch Kaiser Ferdinand I über Innsbruck nach Olmütz (Olomouc) flüchten, wo er abdankte und seinem Neffen Franz Joseph I die Regierungsgeschäfte überließ[40].

Währenddessen veränderten sich die Verhältnisse in Ungarn stark und nach dem ersten gemeinsamen Jubel aller in Ungarn lebenden Nationalitäten[41], erregte das nationalistische Auftreten der neuen ungarischen Regierung die Gemüter der Minderheiten. Kossuth galt als radikaler Nationalist und er machte aus seiner Meinung wonach es nur eine Staatsnation, nämlich die ungarische gab, keinen Hehl. So sagte er 1847 beim letzten ständischen Landtag folgendes über die Nation: *Da unter dem Wort „Nation", im bürgerlichen Sinn mehr verstanden wird, als welche Sprache jemand spricht, erkläre ich: Dass ich, niemals aber auch niemals, eine andere Nation und Nationalität als die ungarische unter der heiligen Stephanskrone akzeptieren werde. Ich weiß, dass es Menschen und Volksstämme gibt, die eine andere Sprache sprechen, aber es gibt hier nicht mehr als eine Nation*[42/43].

Als weiterer herausragender Vertreter der neuen ungarischen Politik galt der als Nationaldichter gefeierte Sándor Petőfi (Alexander Petőfi). Er komponierte am ersten Tag der Budapester Revolution das so genannte „Nationallied" (Nemzeti Dal), welches bis heute zur Allgemeinbildung in Ungarn gehört[44].

Nemzeti dal	Nationallied
Talpra magyar, hí a haza!	Auf, die Heimat ruft, Magyaren!
Itt az idő, most vagy soha!	Zeit ist's, euch zum Kampf zu scharen!
Rabok legyünk, vagy szabadok?	Wollt ihr frei sein oder Knechte?
Ez a kérdés, válasszatok! -	Wählt! Es geht um Ehr und Rechte
A magyarok istenére	Schwören wir beim Gott der Ahnen:
Esküszünk,	Nimmermehr
Esküszünk, hogy rabok tovább	beugen wir uns den Tyrannen!
Nem leszünk!	Nimmermehr!
Rabok voltunk mostanáig,	Sklaven waren wir, Verräter
Kárhozottak ősapáink,	an dem Geiste unsrer Väter,
Kik szabadon éltek-haltak,	die im Grab nicht Ruhe fanden,
Szolgaföldben nem nyughatnak.	seit die Freiheit ging zuschanden.
A magyarok istenére	Schwören wir beim Gott der Ahnen:
Esküszünk,	Nimmermehr
Esküszünk, hogy rabok tovább	beugen wir uns den Tyrannen!
Nem leszünk!	Nimmermehr!

Fast schon legendär ist die Geschichte um die Rolle dieses Liedes und des revolutionären Dichters Petőfi bei der Revolution in Ungarn. So soll die Nachricht von der Wiener Revolution am 14 März in Budapest angekommen sein, woraufhin sich eine Gruppe von Studenten im Café „Pilvax" versammelte und beschloss am kommenden Tag zu handeln. Am Vormittag des 15. März versammelten sich Studenten vor der Universität und gingen dann gemeinsam zu einer Druckerei um dort die 12 Punkte und das Nationallied als erste unzensierte Werke zu drucken. Schließlich versammelten sich bis zum frühen Nachmittag um die 10 000 Personen vor dem Nationalmuseum um dort eine National-versammlung abzuhalten[45]. Dieser Moment ist bis heute in der kollektiven Erin-nerung verblieben und der Platz vor dem Nationalmuseum wurde am 15. März seitdem immer wieder als Ort der oppositionellen Kundgebungen genutzt. Ob während des Zweiten Weltkrieges von Kriegsgegnern[46], oder während der Zeit des „Realsozialismus" von Regimegegnern[47].

Petöfi aber wurde zum „Nationaldichter" dessen früher Tod 1849 (mit 26 Jahren) auf dem Schlachtfeld der Revolution genau in das Bild passt, aus wel-chem Helden gemacht sind.

Schließlich waren es die Minderheiten, allen voran die Kroaten unter ihrem Heerführer Jelačić, welche die Revolution bekämpften und einen bewaffneten Konflikt herbeiführten. Im Zuge dieses Konfliktes wurde die ungarische Natio-nalgarde, die „Honvéd" gegründet und es kam innerhalb Ungarns zu einem Bür-gerkrieg, vor allem gegen die serbischen und kroatischen, aber auch gegen slo-wakische und rumänische Einheiten[48]. Schließlich wurde auch versucht den be-drängten Wiener Revolutionären zu Hilfe zu kommen, was jedoch misslang. Der neue und junge Kaiser Franz Joseph I wollte die Herrschaft über das nur noch nominell zu seinem Reich gehörende und schließlich sogar unabhängige Ungarn erlangen und bediente sich der Minderheiten, bei seinem Krieg gegen die Revo-lutionäre.

Die Minderheiten im Königreich Ungarn erhofften sich von ihrer Unterstüt-zung des Kaisers mehr Rechte und nach der Niederschlagung der Revolution schien dieser Wunsch auch in Erfüllung zu gehen. Ungarn wurde administrativ neu-aufgeteilt und die Rechte der Minderheiten vergrößert. Dies hatte jedoch nicht lange Bestand und änderte sich nach dem Ausgleich von 1867. Mit diesem Vertrag wurde Ungarn zentralisierter als jemals zuvor. Es war dies die Zeit der großen Magyarisierungspolitik, wo der Assimilationsdruck auf die Minderheiten anstieg und die Möglichkeiten zur eigenen kulturellen und sprachlichen Entfal-tung, immer stärker eingeschränkt wurden.

3. Magyarisierungspolitik

Vorgeschichte

Die Magyarisierungspolitik, also der Versuch alle in Ungarn lebenden Nationalitäten in die ungarische zu assimilieren, ist eine direkte Folge der politischen Weltlage des 18. und 19. Jahrhunderts. Wurden im vorigen Kapitel auch einige Folgen der nationalistischen Politik und einige bedeutende „nationale – Akteure" kurz vorgestellt, so ist die Frage nach dem Zustandekommen des modernen Nationalismus damit noch nicht beantwortet. Hinsichtlich dieser Frage gibt es auch in der Wissenschaft unterschiedliche Standpunkte, welche politikwissenschaftlicher oder soziologischer Natur sind und es würde den Rahmen dieser Arbeit sprengen auf dieses Thema im Detail einzugehen. Gewisse Standpunkte scheinen jedoch eine relativ breite Akzeptanz gefunden zu haben, so werden die Aufklärung, der Machtzuwachs des Bürgertums, die industrielle Revolution, der Absolutismus sowie die Gegenbewegung dazu und die Französische Revolution mit dem Nationalismus in Verbindung gebracht. Unbestritten scheint auch die Tatsache, dass der moderne Nationalismus seinen Ursprung in den technologisch höher entwickelten Zentren Westeuropas hatte[49].

In Ungarn war die Periode zwischen 1711 und 1848 von großen Umwälzungen geprägt. Gegenreformation, Integration der ehemals türkischen Gebiete, „aufgeklärter" Absolutismus sowie die Gegenbewegung des ungarischen Adels, die Französische Revolution, Napoleon, das System Metternich und der entstehende Nationalitätenkonflikt innerhalb der Monarchie prägten diese knapp 150 Jahre. In dieser Zeit kam es zu keinen größeren Konflikten innerhalb des Königreichs und viele verwüstete Gebiete konnten wieder neu besiedelt werden. So kamen in dieser Zeit zehntausende serbische, rumänische, aber auch viele deutsche Siedler nach Ungarn, um sich vor allem an der Donau (Donauschwaben[50]) oder in anderen menschenleeren Gebieten anzusiedeln[51]. Bestehende Siedlungen wurden ausgebaut und neue gegründet. Mit Joseph II kam die religiöse Toleranz, eine Aufweichung der Leibeigenschaft eine moderne Steuerreform,[52] sprich die Aufklärung nach Ungarn. Es wuchs aber auch der Konflikt mit dem ungarischen Adel, welcher seine mittelalterlichen Privilegien nicht aufgeben wollte[53]. Durch den frühen Tod des Königs (nach nur 10 Regierungsjahren) konnte der Adel diesen Konflikt für sich entscheiden, sodass erst die Revolution von 1848 die Rechte des Adels beschneiden und die aufklärerischen Ideale wirklich durchsetzen konnte.

Es war auch Joseph II, der in seinem gesamten Reich Deutsch als Verwaltungssprache einführen wollte[54]. Was als Mittel der vereinfachten Verwaltung gedacht war, führte zu heftigstem Widerstand von Seiten des ungarischen Adels und es gelang dem Kaiser schließlich auch nie diese Regelung durchzusetzen[55]. Zwar war dieser Sprachenstreit verglichen mit jenen am Ende des 19. Jahrhunderts relativ unbedeutend, aber man kann sagen dass der Geist aus der Flasche war. Die Französische Revolution, sowie die napoleonischen Kriege, wirkten später wie Katalysatoren für die Nationalbewegungen Europas. Vor allem die deutschen und italienischen Nationalbewegungen wollten eigenständige Nationalstaaten errichten, vorerst gelang es aber Metternich auf dem Wiener Kongress (Kongresse zur Neuordnung Europas nach den napoleonischen Kriegen 1814-1815) diese Fragen zu vertagen. Nichtsdestotrotz entwickelten sich eine Vielzahl an Nationalbewegungen innerhalb der Habsburger Monarchie und waren dann auch maßgeblich an ihrem Ende beteiligt.

In Ungarn war zu dieser Zeit die genaue Form der zu errichtenden Nation noch nicht entschieden. Zwei theoretische Konzepte standen sich in dieser Frage gegenüber. Das Konstrukt einer Willens-/Staatsnation und jenes der Herder'schen Kulturnation[56]. Die ungarische Staatsnation[57] war ein Konstrukt, welches unabhängig von der sprachlichen und kulturellen Zugehörigkeit, alle Staatsbürger umfassen sollte die sich auf ihrem Gebiet befanden. Das Staatsgebiet gilt als entscheidend bei der Bestimmung der Nationalität, nicht die Muttersprache. Als Vorbilder können hierzu die USA, Frankreich aber auch Belgien und die Schweiz herangezogen werden. Im Gegensatz dazu spielen bei einer Kulturnation die gemeinsame Abstammung und Sprache eine entscheidende Rolle. Somit können nur jene Menschen wirklich Teil dieser Nationen werden, welche die Sprache beherrschen und/oder verwandtschaftliche Bindungen zur einheimischen Mehrheitsbevölkerung haben. Dies gilt auch über Staatsgrenzen hinweg. Für alle mit anderer Abstammung, anderem kulturellen Hintergrund, anderer Muttersprache oder anderer Religionszugehörigkeit, bleibt die Aufnahme in eine solche Nation meist versperrt. Beispiele hierfür sind die meisten Nationalstaaten Europas, so wie Österreich oder Deutschland.

Angesichts der ethnischen Situation im Land hatten sich die ungarischen Eliten für eine Staatsnation französischen Vorbilds entschieden und für dessen Errichtung gekämpft. Bis heute wird in der nationalistischen (meist populärwissenschaftlichen) Geschichtswissenshaft argumentiert, dass gerade die französischen Politiker nach dem Ersten Weltkrieg Ungarn nicht das zugestehen wollten, was sie selbst als natürlich erachten. Auch den eigenen Minderheiten wird vorgeworfen Ungarn verraten zu haben[58]. Gerne wird bei solchen Vergleichen aber der große Unterschied zu Frankreich verdrängt. Die ungarische „Bevölkerungsmehrheit" zur Zeit des Ausgleichs von 1867 betrug bloß 40%[59] und bei der Volkszählung von 1910, 54,6%[60] der Gesamtbevölkerung, während die Gesamtzahl der Minderheiten in Frankreich immer um ein Vielfaches geringer war.

Magyarisierungspolitik vor 1848

Bereits vor der Revolution von 1848, wurde in Ungarn damit begonnen die Minderheiten zu „magyarisieren" (Also sie zu zwingen die eigene Kultur/Sprache abzulegen und sich in die ungarischen Gesellschaft zu assimilieren). Schrittweise wurde auf Länder- und Gemeindeebene nur noch ungarisch als einzige Verwaltungssprache eingeführt und damit die vorherrschende lateinische Sprache in der Verwaltung ersetzt. Der ungarische Historiker Ignác Romsics beschriebt die Situation folgendermaßen: „Zwischen 1790 und 1844 haben die Landtage eine Reihe von Gesetzen über den „Gebrauch der ungarischen Sprache" bzw. „über die ungarische Sprache und Nationalität" beschlossen, welche die ungarische als einzige Sprache im Landtag, bei Gesetzen, im Rahmen der öffentlichen Verwaltung und bei geistlichen und zivilen Gerichten festlegten. Im Sinne dieser Gesetze konnte ein öffentliches Amt nur von einer ungarisch-sprechenden Person bekleidet werden, ebenso konnte die Anwaltsprüfung auch nur auf Ungarisch abgelegt werden und sogar die Bekleidung der Priesterwürde war bei jeder Religionsgemeinschaft an die Kenntnis der ungarischen Sprache gebunden. "[61]

Die politische Elite dieser Zeit war in der Frage der Sprachenregelung in zwei Lager gespalten. Auf der einen Seite stand Graf István Széchényi als „klassischer Liberaler" Reformer, der die Problematik einer nationalistischen Politik erkannte und die Rückständigkeit des Landes durch große Wirtschaftsprojekte und technische Modernisierung zu verbessern suchte[62]. Széchenyi galt als Mäzen der Künste und Förderer der Wissenschaften. So hat er mit der Spende eines Jahreseinkommens, 1825 zur Gründung der Akademie der Wissenschaften beigetragen[63]. Er hat viele Infrastruktur- Maßnahmen, wie die Regulierung von Theiß und Donau, aber auch den Bau der Kettenbrücke gefördert. Der Graf verfasste mehrere wirtschaftswissenschaftliche Werke und versuchte auch mit diesen, die Entwicklung eines liberal- kapitalistischen Wirtschaftssystems in Ungarn zu fördern[64].

Sein großer Gegenspieler in den 1840er Jahren war Lajos Kossuth, Rechtsanwalt, Zeitungsredakteur, Nationalist und Verfechter der Magyarisierungspolitik. Der aus dem Kleinadel stammende Kossuth konnte sich in den Jahren vor der Revolution von 1848 bis in die höchsten Positionen des Staates hinaufarbeiten und spielte im Revolutionsjahr schließlich eine sehr wichtige Rolle als Finanzminister und militärischer Führer der ungarischen Regierung. Neben seiner Nationalitätenpolitik verfolgte er eine bürgerlich - liberale Politik und kämpfte für allgemeine Bürger- und Menschenrechte[65].

Kossuth und Széchenyi führten über die Medien eine breite Debatte über Minderheiten und Magyarisierung, wobei Széchenyi vor den Folgen einer solchen Politik warnte und so zum Beispiel in einer Rede von 1842 folgendes über den Nationalismus sagte: „ .... *Das ungarische Wort ist noch kein ungarisches Gefühl, ein Mensch weil er ein Ungar ist, noch kein sittlicher Mensch und ein im Mantel des Patriotismus gehender noch kein Patriot. Und wie viele mit solchem Erscheinungsbild arbeiten an der Ermordung der Heimat.* „ [66,67]. Aus heutiger Sicht sollte Széchenyi mit seiner Warnung Recht behalten und Ungarn aus dieser Politik große Nachteile erwachsen. Damals konnte er die politischen Eliten aber nicht überzeugen und musste sich mit seiner Meinung der nationalistischen Politik unterordnen. Auch nach der Revolution von 1848 spielte der Graf als Industrieller und großzügiger Förderer von Bildungseinrichtungen eine wichtige Rolle in der ungarischen Gesellschaft. Die sich verschlimmernde Krise mit den Minderheiten konnte er aber nicht abwenden.

Die nationalen Minderheiten

Die Revolution von 1848/49 legte die nationalen Zerwürfnisse innerhalb Ungarns offen, als sich die nationalen Minderheiten auflehnten und gegen einen gemeinsamen Staat auftraten. Bis dahin erkannten die ungarischen Liberalen nicht, dass die Minderheitenfrage im Königreich bereits zum Politikum geworden war und die einzelnen Minderheiten sogar so weit gingen Autonomie oder nationale Selbstständigkeit zu fordern[68].

Die größten im ungarischen Königreich vertretenen Minderheiten waren Deutsche, Kroaten, Rumänen, Serben, sowie Slowaken und Ruthenen. Von diesen Minderheiten gab es zwei alte und mit besonderen Vorrechten ausgestattete Gruppen, die Kroaten und die Siebenbürger Sachsen. Beide genossen schon seit Jahrhunderten Vorrechte und wollten diese erweitern, oder waren nicht bereit sie aufzugeben. Die anderen Minderheiten kämpften im Laufe des 19. Jahrhunderts für mehr Selbstbestimmung und gegen die Magyarisierungspolitik der Regierung.

Die Kroaten welche seit Jahrhunderten in einer Union mit Ungarn lebten und über eigene Verwaltungsinstitutionen wie einen Landtag (Sabor) verfügten, konnten eigene Gesetze beschließen und unterbanden so im Landesstatut von 1805 den Gebrauch aller anderen fremden Sprachen, außer der lateinischen[69]. Generell wurde die Autonomie Kroatiens, auch von der ungarischen Regierung akzeptiert. Dennoch entwickelten sich im Laufe der Jahre einige Gebietskonflikte, welche die Zusammenarbeit zwischen den zwei Regierungen erschwerte. Einen radikalen Einschnitt sollte das Verhältnis zwischen den zwei Nationalitäten aber durch das Auftreten von Baron Josip Jelačić erleben. Der Ban von Kroatien der zur Zeit der bürgerlichen Revolution von 1848 die Geschicke des Landes lenkte galt als unerbittlicher Gegner der ungarischen Revolution. Jelačić sah sich in erster Linie als Offizier des Kaisers und nahm eine kompromisslose Haltung gegenüber dem selbständigen ungarischen Finanz- Kriegs- und Handelswesens ein[70]. Er führte in weiterer Folge sehr erfolgreich Krieg gegen die ungarische Revolutionsarmee und war am Scheitern der ungarischen Revolution maßgeblich beteiligt. Den Traum von einem unabhängigen Kroatien konnten die kroatischen Nationalisten aber dennoch nicht erreichen. In der Zeit des Neoabsolutismus (1849-1867) hatte es zwar zunächst den Anschein, dass Kroatien von seiner kaisertreuen Politik profitieren würde, spätestens der Ausgleich von 1867 zerstörte diese Träume aber wieder.

Die Siebenbürger Sachsen waren eine der drei privilegierten Nationen im unabhängigen Siebenbürgen. Sie hatten jahrhundertealte Privilegien und waren nicht bereit diese abzugeben weswegen sie sich gegen eine Union mit Ungarn wehrten[71]. Sie waren hauptsächlich in den Städten Siebenbürgens vertreten und bildeten dort die Schicht der Handwerker und Bürger. Auch außerhalb Siebenbürgens lebten zahlreiche deutschsprachige Gruppierungen, so die Donauschwaben an der Donau oder in den Bergwerkstädten und größeren Verwaltungsstädten des Landes[72]. Um die Jahrhundertwende lebten circa zwei Millionen Deutsche im Gebiet des ungarischen Königreichs[73]. Sie kämpften gegen die Magyarisierung, assimilierten sich gegen Ende des 19 Jahrhunderts aber auch stark in die ungarische Gesellschaft[74]. Alles in allem war das Verhältnis zwischen Ungarn und der deutschsprachigen Minderheit zwar nicht perfekt, aber auch nicht so schlecht wie das zwischen den Ungarn und den anderen drei großen Minderheiten.

Die serbische Minderheit war schon sehr lange in Ungarn vertreten, jedoch in relativ geringer Zahl. Dies änderte sich Ende des 17. Jahrhunderts als nach der Vertreibung der osmanischen Herrschaft zehntausende serbische Einwanderer an der Südgrenze des Königreiches angesiedelt wurden[75]. Es waren dies Personen die beim Rückzug der kaiserlichen Truppen aus dem Balkan mit diesen mitgezogen sind und in den dünn besiedelten südungarischen Gebieten als Wehrbauern Verwendung fanden. Es kann wohl als Ironie des Schicksals verstanden werden, dass ein Großteil der serbischen Siedler die sich in der heutigen Vojvodina angesiedelt haben (eine Nordserbische autonome Region mit einer bedeutenden ungarischen Minderheit), aus dem Gebiet des Kosovo stammt und dieser Umzug daher bis heute vielfältige Auswirkungen hat. Durch ihren Einsatz an der Militärgrenze verfügten die Serben über zahlreiche Privilegien und Freiheiten. So unterstanden sie oftmals nicht der ungarischen Verwaltung[76]. Der Wunsch nach einer eigenen Nationalversammlung und die Forderung als eigene Nation anerkannt zu werden brachte die serbische Minderheit zu Beginn des 19. Jahrhundert in einen immer stärkeren Konflikt mit der ungarischen Verwaltung, bis die Verweigerung dieser Forderungen im Jahre 1848 zum Ausbruch von

Kämpfen im südungarischen Grenzbereich führte[77]. Die serbischen Aufständischen konnten ihre Forderungen auch nur temporär erfüllen. Die von ihnen geforderte eigenständige Wojewodschaft wurde zwar nach der Revolution eingerichtet, funktionierte jedoch ohne autonome serbische Verwaltung und wurde im Jahre 1867 wieder abgeschafft[78]. Zur Jahrhundertwende lebten ca. 750 000 Serben und Kroaten in Ungarn(ohne Kroatien mitzuzählen)[79]. Bis zum Ende der Monarchie gab es keine autonome serbische Region.

Die rumänische Nationalbewegung ist mit der serbischen auf vielfache Weise vergleichbar. Die rumänische Minderheit war vor allem in Siebenbürgen schon seit vielen Jahrhunderten heimisch und stellte dort bereits bei der ersten Volkszählung 1784/85 eine Mehrheit von 50% der Bevölkerung.[80] Sie hatte um 1900 insgesamt (inklusive des Banat) 3 000 000 Mitglieder[81]. Seit der Vertreibung der osmanischen Herrschaft aus Ungarn übersiedelten aus den noch immer vom Osmanischen Reich verwalteten rumänischen Fürstentümern Walachei und Moldau kontinuierlich Rumänen nach Siebenbürgen, sodass ihre Zahl weiter zunahm[82]. Die rumänische Sprache erlebte erst zu Beginn des 19. Jahrhunderts eine Kodifizierung, womit auch der rumänische Nationalismus erwachte. Eine der wichtigsten Forderungen der rumänischen Nationalbewegung in der Mitte des 19. Jahrhunderts war eine (wieder) Anerkennung als eigene Nation in Siebenbürgen und die Abschaffung der Leibeigenschaft. Die rumänische Bevölkerung war eine stark bäuerliche und die wahrscheinlich wichtigsten Stützen der Nationalbewegung waren die griechisch katholische und griechisch orthodoxe Kirche, in deren Rahmen sich die Entwicklung der rumänischen Nationalbewegung gegen die Magyarisierungspolitk vor, wie nach 1848 entfalten konnte. Während der Revolution von 1848 wurde die rumänische Minderheit von kaisertreuen Offizieren instrumentalisiert und es fanden in weiterer Folge von rumänischer wie ungarischer Seite Massaker an der Zivilbevölkerung Siebenbürgens statt. Die als Entwaffnung ungarischer Milizen gedachten Aktionen rumänischer Truppen führten zu regelrechten ethnischen Säuberungen, die das Verhältnis zwischen Rumänen und Ungarn für viele Jahre vergiften sollten[83].

Die ungefähr 2 Millionen Personen starke slowakische Minderheit war seit Jahrhunderten im Gebiet des Königreich Ungarn sesshaft. Die Wanderungsbewegungen nach der Vertreibung der Osmanen veränderten aber auch ihr Siedlungsgebiet, da es sich durch die Abwanderung ungarischer Bauern (welche in die Tiefebene übersiedelten) weiter in Richtung Süden verschob[84]. Davor hatten die Slowaken hauptsächlich im Gebirge der Tatra gewohnt. Die Slowaken hatten erst im 19. Jahrhundert eine eigene Schriftsprache und eine eigene Nationalbewegung entwickelt. Die Nationalbewegung war jedoch schwach und beschränkte sich zuerst auf eine relativ kleine Gruppe von meist protestantischen Intellektuellen. Die Bekämpfung der Magyarisierung kann als das wichtigste

Ziel der slowakischen Nationalbewegung gesehen werden[85]. Die Haltung der slowakischen Minderheit während der Revolution von 1848 war ambivalent. Da sich der slowakische Adel in erster Linie durch seinen Status definierte und die Mehrheit der Slowaken katholisch war und mit der Aufhebung der Leibeigenschaft bereits zufrieden gestellt werden konnte, war die Bereitschaft gegen die ungarische Revolution zu kämpfen gering[86]. Schließlich haben einige Bataillone für die ungarische Seite und ein Bataillon auf Seiten Kaiser Franz Josephs an der Revolution teilgenommen.[87] Nach der Revolution konnte die slowakische Nationalbewegung kaum Erfolge erzielen.

Eine weitere große Minderheit Ungarns war die ruthenische, sie hatte um die Jahrhundertwende ca. 500 000 Mitglieder[88]. Ihr Lebensraum befand sich im Nordosten des Königreichs, im Gebiet der heute zur Ukraine gehörenden Karpatenukraine. Bei der ruthenischen handelte es sich wohl um die schwächste aller Nationalbewegungen Ungarns. Im Rahmen der griechisch- katholischen Kirche, der die Ruthenen mehrheitlich angehörten, gab es zwar gewisse Möglichkeiten der sprachlichen Autonomie und es wurden im Laufe des 19. Jahrhunderts auch Ideen für eine Hochsprache entwickelt, davon abgesehen blieb die ruthenische Nationalbewegung aber unscheinbar[89].

Die letzte große Minderheit im Königreich Ungarn war die jüdische. Sie war zwar streng genommen nur eine Religionsgemeinschaft, muss aber wegen ihrer Bedeutung für die nationalistische Politik dennoch kurz beschrieben werden. Dem Judentum gehörten bei der Volkszählung 1842 ca. 2%[90] und 1910 bereits 4,9%[91] der Gesamtbevölkerung an. Das jüdische Leben spielte sich zu Beginn des Jahrhunderts in einigen ausgewählten Städten ab, da es in allen anderen Gebieten ein Ansiedlungsverbot für Personen jüdischen Glaubens gab. Grundsätzlich muss die jüdische Bevölkerung Ungarns aber in mehrfacher Weise von den anderen Minderheiten unterschieden werden. Einerseits hatten die Juden keine eigene Nationalsprache und benutzten daher zunächst die deutsche, dann immer mehr die ungarische Sprache[92]. Zweitens hatten sie keine geschlossene Siedlungsgebiete und daher verständlicherweise auch keine Forderungen bezüglich territorialer Autonomie. Erst ab dem Ausgleich von 1867 und der damit einsetzenden allgemeinen Emanzipation der Juden[93] rückten sie in das Blickfeld der Politik, wo sich trotz intensivster Bemühungen um Assimilation[94], schon bald ein sehr starker Antisemitismus entwickelte. Der in Pest geborene Theodor Herzl (Herzl Tivadar) hat als Gegenbewegung hierzu den Zionismus und damit die moderne jüdische Nationalbewegung begründet. Die jüdische Bevölkerung Ungarns spielte vor allem im Rahmen der Industrialisierung und beim Herausbilden einer bürgerlichen Gesellschaft eine wichtige Rolle, so stellten sie einen beträchtlichen Teil der Großbourgeoise[95] und etwa 23% der Budapester Bevölkerung[96]. Das war und ist für die Antisemiten Anlass für ihre Agitation.

Im Anhang finden sich die ungarischen Nationalitäten anhand der Volkszählungen von 1880 und 1910.[97]

Magyarisierungspolitik nach 1848

Die Zeit zwischen dem Ende der Revolution im Sommer 1849 und dem Ausgleich von 1867 heißt auf Deutsch die Zeit des Neoabsolutismus. Auf Ungarisch wird es als die Zeit der Despotie oder Willkürherrschaft (Önkényuralom) bezeichnet[98]. Es ist sowohl eine Zeit des Übergangs als auch der konservativen Politik. So konnte in dieser Periode die Aristokratie ihre Macht stärken, der Kaiser musste aber auch Errungenschaften der Revolution, wie die Aufhebung der Grundherrschaft (Herrschaft und Gerichtsbarkeit des Landbesitzers über sein Land und dessen Bewohner) absegnen[99]. Es ist dies auch eine Zeit des Wandels in der europäischen Machtverschiebung, hin zu einem System in dem sich Österreich mit einem Verminderten Status zufriedengeben und ab der Schlacht von Solferino im Jahre 1859[100], schrittweise auf fast alle italienischen Besitzungen verzichten muss.

1867 erfolgte mit dem Ausgleich zwischen Österreich und Ungarn eine Neuordnung der habsburgischen Besitztümer in die K.u.K Monarchie. Der neue K.u.K Staat garantierte Ungarn im Bereich der Innenpolitik eine von Wien unabhängige Politik, welche dieser auch im Rahmen der Minderheitenpolitik wahrnahm. Bereits 1898 wurde ein ungarisch-kroatischer Ausgleich abgeschlossen, welcher den Kroaten zwar eine innere Autonomie garantierte, den Nationalitätenkonflikt aber nicht entschärfen konnte da er von der kroatischen Bevölkerung als bloßes Zugeständnis der ungarischen Hegemonie wahrgenommen wurde[101]. Grundsätzlich wurden im Rahmen des Ausgleiches auch weit-gehende Minderheitenrechte beschlossen, welche für damalige Verhältnisse als modern und „äußerst großzügig" galten[102].

Das Nationalitätengesetz von 1868 regelte bis zur Auflösung der Monarchie die Rechte der verschiedenen Nationalitäten. Es war ein Gesetz klassisch liberaler Prägung[103], welches allen Bürgerinnen und Bürgern die Benutzung der jeweils eigenen Sprache sowohl im Alltag, als auch auf der unteren Verwaltungsebene (bei Gerichtsverfahren der ersten Instanz, Eingaben an Ämter usw....) gestattete. Es wurden ebenfalls alle Staatsbürger, unabhängig von der Nationalität, rechtlich gleichgestellt. Die verschiedenen Nationalitäten durften auch über ihre Kirchen und Schulen frei verfügen und nationale Institutionen wie Kulturvereine gründen[104]. Zunächst gab es sogar mehrsprachige Ortsschilder, welche jedoch zum Ende des Jahrhunderts schrittweise abgeschafft wurden.

Eine der wichtigsten Forderungen der Minderheiten, nämlich diese als gleichberechtigte Nationalitäten anzuerkennen, wurde nicht erfüllt und stattdessen das Prinzip der ungarischen Staatsnation in Gesetzesform festgehalten. So heißt es im Gesetz XLIV, aus den Jahre 1868 wörtlich: *„Alle Staatsbürger Ungarns bilden laut den Grundprinzipien der Verfassung und in politischer Hinsicht eine Nation, die unteilbare ungarische Nation, in dem jeder Bürger des Vaterlandes, welcher Nationalität er auch angehören sollte, ein gleichberechtigtes Mitglied ist; allerdings kann diese Gleichberechtigung, in Anbetracht des Gebrauchs der im Land gewohnten anderen Sprachen einzig dann unter eine andere Regelung fallen, insoweit dies für die Einheit des Staates, die praktische Möglichkeit der Regierung und Verwaltung und die genaue Rechtsprechung notwendig ist."* [105, 106] Bei diesem Satz tritt die untergeordnete Bedeutung der Minderheitensprachen offen hervor, welche zwar nicht verboten, aber doch keineswegs gleichberechtigt waren.

Im Bildungsbereich hatte sich die Regierung verpflichtet in staatlichen Schulen mehrsprachigen Unterricht zu ermöglichen, so mussten in mehrsprachigen Gemeinden, mehrsprachige Lehrkräfte oder Hilfslehrer angestellt werden. Das Gesetz verpflichtete auch Universitäten die jeweiligen Minderheitensprachen anzubieten und Institute für Literatur in den jeweiligen Sprachen zu gründen.[107] Es war aber auch der Bildungsbereich wo die radikalsten Positionen aufeinander trafen und sich im Laufe der Jahre immer mehr Missstände herausbildeten. So wurde 1879 landesweit die ungarische Sprache als Schulfach eingeführt und ab 1883 musste bereits in jeder Mittelschule die ungarische Sprache und ungarische Literatur unterrichtet werden[108]. 1907 wurde die ungarische Sprache schließlich in den Minderheitenschulen mit den Minderheitensprachen gleichgestellt, was große Kritik hervorrief.

Zwischen Theorie und Praxis in der Frage der Minderheitensprachen bestand in Ungarn ein großer Unterschied, da theoretisch viel über fremdsprachigen Schulunterricht diskutiert wurde, die ungarische Regierung aber bis zum Ende nicht eine einzige staatliche Schule mit einer Minderheitensprache als Unterrichtssprache eröffnet hat[109]. Somit hatten die Nationalitätsgesetze in öffentlichen Schulen praktisch keine Bedeutung. Die Minderheiten hatten meist nur im Rahmen der kirchlichen Autonomie (rumänisch- und serbisch- orthodox, evangelisch, griechisch- katholisch) die Möglichkeit ihre Muttersprache in den Schulen zu erlernen, aber auch hier wurde von staatlicher Seite immer mehr Druck ausgeübt. So gab es zur Jahrhundertwende in Ungarn lediglich 9 deutsche Mittelschulen (von Siebenbürger Sachsen), 6 rumänische und eine serbische Mittelschule. Slowaken, Ruthenen und Ungarndeutsche hatten keine einzige Mittelschule[110]!

Seit dem Ausgleich von 1867 verfügte Ungarn auch über ein gewähltes Parlament. Dieses wurde nach einem strengen Zensuswahlrecht beschickt, welches im Unterschied zu Österreich bis zum Ende des Ersten Weltkriegs nicht abgeschafft wurde. So durften nach der Modifizierung des Wahlgesetzes im Jahre 1913, knapp 1,8 Millionen Bürger wählen und das bei einer Gesamtbevölkerung von ca. 20 Millionen Menschen[111]. In das Parlament konnten (wenn sie wollten) auch die Vertreter der Nationalitäten gewählt werden. Während der Jahrzehnte vom Ausgleich bis zum Ersten Weltkrieg haben nämlich zahlreiche Minderheitenvertreter das Parlament blockiert und nicht an den Sitzungen teilgenommen.[112] Darüber hinaus waren Nationalitätenvertreter oft staatlichen Repressionen ausgesetzt und wurden zum Beispiel wegen „Aufwiegelung der Nationalitäten" angeklagt[113].

Zur Jahrhundertwende übersteigerte sich das Selbstbewusstsein der ungarischen politischen Elite immer mehr und ihr Realitätssinn bezüglich der Bevölkerungsentwicklung in Ungarn ging verloren. Sie bestanden auf die Akzeptanz Ungarns als „Staatsnation" und waren nicht einmal gewillt die Nationalitätengesetze von 1867 einzuhalten, geschweige denn neue zu erlassen.[114] Man war überzeugt davon alle Minderheiten assimilieren zu können, träumte von einer ungarischen Nation mit 20 bis 30 Millionen Menschen[115] und von einer führenden wirtschaftlichen und politischen Rolle auf dem Balkan[116].

4. Krieg, Revolution und Reaktion

Der Erste Weltkrieg

Seit Jahren schon waren die Spannungen in Europa sichtbar und auch die ungarische Regierung spürte nach der Jahrhundertwende, dass die relativ lange Zeit des Friedens bald vorbei sein würde. Die Revolution von 1905 in Russland, die verschärften Spannungen mit Serbien wegen der Annexion Bosnien/ Herzegowinas, die Destabilisierung des Osmanischen Reiches und die daraus folgenden Balkankriege 1912/1913 und der wachsende Konflikt zwischen Frankreich und dem Deutschen Reich waren Indikatoren für den kommenden Krieg. Diese Zeichen wurden auch von der damaligen Elite richtig gedeutet und es wurden konkrete Vorbereitungen für einen Krieg getroffen.

Auf Seiten der ungarischen Regierung war vor allem der ungarische Parlamentspräsident und spätere Ministerpräsident István Tisza davon überzeugt, mit allen Mitteln eine Armeereform durchsetzen zu müssen. Als er mithilfe von Sonderverordnungen und ohne parlamentarische Debatte im Juni 1912 im Parlament über ein neues Armeegesetz abstimmen ließ, kam es zu Massenprotesten der Opposition, die mit Gewalt niedergeschlagen wurden. Dieser Tag ging als blutroter Donnerstag in die ungarische Geschichte ein.[117] Dies war ein Wendepunkt für die ungarische Arbeiterbewegung und der Beginn eines autoritären Regimes, in welchem unter anderem die Pressefreiheit, oder die Versammlungsfreiheit eingeschränkt wurden. Tisza erkannte, dass es wichtig sei die Nationalitäten für seine Politik zu gewinnen und konnte zum Beispiel die Lage in Kroatien entspannen und mit der rumänischen Nationalpartei zusammenarbeiten[118]. Die territorialen Forderungen der Minderheiten waren für die ungarische Elite jedoch undiskutabel.

Serbiens Abneigung gegen Österreich verschärfte sich nach der Annexion Bosnien/Herzegowinas 1908. Serbien wollte ein „Großserbien" mit Meereszugang und idealerweise mit allen südslawischen Gebieten errichten, was durch die Annexion Bosnien-Herzegowinas verhindert wurde[119]. Bei seinen Forderungen konnte sich Serbien der Unterstützung Russland sicher sein, dessen Regierung ihren Einfluss in Südosteuropa festigen wollte. Es entwickelten sich in Serbien zahlreiche paramilitärische nationalistische Geheimorganisationen, welche in den Jahren vor dem Ersten Weltkrieg mehrere Anschläge auf Repräsentanten des K.u.K Staates in Bosnien und Kroatien verübten[120].

Am 28. Juni 1914 erschoss ein serbischer Student namens Gavrilo Princip in Sarajevo den österreichisch – ungarischen Thronfolger Franz Ferdinand und dessen Frau Sophie. Daraufhin entschloss sich die Wiener Regierung zum bereits lange geplanten Krieg gegen Serbien. Es wurde Belgrad zwar formell ein Ultimatum mit einigen Forderungen gestellt, aber selbst die Annahme dieser Forderungen konnte die zum Krieg entschlossene österreichisch- ungarische Regierung nicht von ihrem Plan abbringen. Der ungarische Ministerpräsident Tisza hatte Angst vor den Folgen einer möglichen Annexion weiterer slawischer Gebiete, da diese das Gleichgewicht des Ausgleichs gefährdet hätten. So war er nach dem Anschlag auch zunächst gegen ein militärisches Vorgehen und konnte erst auf deutschen Druck und einer Erklärung auf den Verzicht einer Annexion Serbiens überzeugt werden.[121]

Bald schlossen sich neben Deutschland, auch noch andere Staaten, wie Bulgarien, Rumänien und die Türkei den Mittelmächten an und träumten von einer Neuordnung Europas. Sowohl Mittelmächte wie Alliierte versprachen ihren Verbündeten große territoriale Zugewinne nach dem Krieg und das nicht nur den teilnehmenden Staaten, sondern auch ethnischen Minderheiten innerhalb dieser Staaten. So wurde dieser Krieg, welcher als kurzfristiger militärischer Konflikt beworben wurde, zur Urkatastrophe des 20. Jahrhunderts. Der Erste Weltkrieg gilt als Auslöser vieler bedeutender Ereignisse wie der Entstehung der Sowjetunion, oder dem Aufstieg des Nationalsozialismus.[122] Der Erste Weltkrieg war der erste große industriell geführte Krieg in Europa und veränderte das Aussehen des Kontinents fundamental.

Als der Krieg im Jahre 1918 endete, war die österreichisch - ungarische Monarchie bereits in der Auflösung begriffen. Die Fronten waren zusammengebrochen, hunderttausende Soldaten waren auf dem Weg nach Hause und die einzelnen Nationalitäten der Monarchie erklärten nacheinander ihre Unabhängigkeit. Am 28. Oktober 1918 beschloss die tschechische Nationalversammlung die Gründung der Tschechoslowakei, die slowakische Nationalversammlung stimmte zwei Tage später zu. Am 29. Oktober erklärte die kroatische Nationalversammlung die Unabhängigkeit Kroatiens und ihren Willen zur Gründung des SHS Staates. Am 30. Oktober wurde die erste deutschösterreichische Regierung ernannt und am 31. Oktober erklärten die Ukrainer in Lemberg ihre Unabhängigkeit[123]. Als am 3. November 1918 in Padua der Waffenstillstand mit Italien beschlossen wurde, existierte die Monarchie de facto schon nicht mehr. Die Region war in den nächsten Jahren von Aufständen, sozialistischen Revolutionen, konservativen Konterrevolutionen und dem Kampf um Macht und Land geprägt.

Bürgerliche Revolution

Am 16. November 1918 wurde die Republik Ungarn ausgerufen und die ungarische Nationalversammlung übernahm die Macht im Land. Sofort wurden radikale Reformen eingeleitet und so versucht, die revoltierende Bevölkerung zu beruhigen. Eine der wichtigsten Themen der neuen Regierung war die Landreform. In Ungarn, wie fast überall auf der Welt, war ein Großteil des Landes in den Händen weniger Personen und Institutionen, während ein Großteil der Kleinbauern nur kleinste Länder bewirtschaften konnten, oder über überhaupt kein Land verfügten[124]. Die größte Grundbesitzerin Ungarns, war die katholische Kirche. Ebenfalls viel Land befand sich im Eigentum der Aristokratie. So wurde am 15. Februar 1919 eine Landreform beschlossen, bei der alle privaten Grundstücke über 500 hold (285 Hektar) und alle kirchlichen Güter über 200 hold (115 Hektar) vom Staat gegen Kompensation enteignet und in kleinen Parzellen an die Bevölkerung zum Zweck der Selbstversorgung überschrieben werden sollten. Um mit gutem Beispiel voranzugehen war das Land von Ministerpräsident Károlyi das erste welches aufgeteilt sollte[125].

Ein weiteres Gesetz dieser Periode war die Erweiterung des Wahlrechts auf alle Schriftkundigen Männer über 21 und Frauen über 24 Jahren. Daneben wurde die Kinderarbeit unter 14 Jahren verboten, eine Arbeitslosenkasse eingeführt und dem Kleingewerbe Steuererleichterungen gewährt.[126] Leider halfen alle Maßnahmen nichts gegen die katastrophale wirtschaftliche Lage im Frühjahr 1919. Die Versorgung mit wichtigen Gütern war im Frühjahr 1919 komplett zusammengebrochen. Dies hatte mehrere Ursachen. Zum einen bestand die Wirtschaftsblockade der Alliierten weiter und es war fast unmöglich Waren zu importieren. Darüber hinaus gingen durch die Aufteilung und Besetzung von Teilen des Landes wichtige Rohstoffquellen und Produktionskapazitäten verloren. Die verarbeitenden Betriebe im Zentrum Ungarns waren von ihren Rohstoffen abgeschnitten und eine Hyperinflation setzte ein. In Budapest wurden Gas und Strom rationiert und hunderttausende Arbeiter verloren ihre Arbeit. Hinzu kamen die vielen Vertriebenen aus den besetzten Gebieten, die allesamt im größten Elend lebten[127].

Die katastrophale wirtschaftliche und politische Lage wurde ab dem Frühjahr 1919 von zwei radikalen politischen Lagern genutzt um ihre Anhängerschaft auszubauen und die bürgerliche Regierung zu stürzen. Einerseits von rechtsextremen Gruppierungen, andererseits von Linken und Linksradikalen. Ehemalige Offiziere und Beamte, Lehrer, sowie andere staatliche Angestellte die aus den besetzten Gebieten fliehen mussten, bildeten den Kern der neuen rechtsextremen Bewegungen MOVE (Magyar Országos Véderő Egylet/ Ungarische Schutz- Einheit) und ÉME (Ébredő Magyarok Egyesülete/ Vereinigung der Erwachenden Ungarn). Diese radikalen Gruppierungen sollten später bei der Entwicklung der Pfeilkreuzlerbewegung eine wichtige Rolle spielen und bis heute auf den ungarischen Rechtsextremismus einwirken. Neben der Forderung eines bewaffneten Kampfes gegen die Nachbarstaaten und dem Wunsch nach einer autoritären Führung sowie einer rechten akademischen und künstlerischen

Elite, äußerten diese Gruppen auch den Wunsch nach einer hohen Besteuerung der städtischen Kapitalisten, womit das besitzende Judentum gemeint war[128].

Auf der anderen Seite des politischen Spektrums standen neben Intellektuellen und Künstlern auch marxistische Organisationen mit mehr oder weniger radikalen Forderungen, so unter anderem die Sozialdemokratische Partei Ungarns und die „Partei der Ungarischen Kommunisten" (Kommunisták Magyarországi Pártja). Vor allem die Kommunistische Partei konnte zwischen dem 24. November 1918 (dem Tag ihrer Gründung), bis zum März 1919, ihre Basis auf ca. 10 000 - 15 000 Mitglieder in Budapest und 20 000-25 000 Mitglieder am Land ausbauen. Sie forderte eine radikale Umgestaltung der Gesellschaft und war durch den Bolschewismus der Oktoberrevolution beeinflusst[129].

Räterepublik

Im Frühjahr 1919 ging die bürgerliche Regierung Károlyi in die Offensive, verbot einige rechtsextreme Gruppierungen, aber auch die Führungspersonen der kommunistischen Partei wurden nach der blutigen Niederschlagung von Arbeitslosenprotesten am 20 Februar 1919 verhaftet[130]. Außenpolitisch wurde die Lage Ungarns immer schlechter und nachdem von den Alliierten schlechte Nachrichten in Bezug auf die zukünftigen Grenzziehungen kamen, entschloss sich Károlyi einen auf die Sowjetunion gestützten nationalen Widerstand auszurufen[131]. Hierzu bemühte er sich um die Unterstützung der Sozialdemokratie, welche jedoch andere Pläne hatten und sich mit den eingesperrten kommunistischen Führern absprachen, um am 22. März 1919 die Macht zu übernehmen.

Die „Föderative Sozialistische Ungarische Räterepublik" (Magyarországi Szocialista Szövetséges Tanácsköztársaság) sollte ein auf den Idealen der kommunistischen Bewegung aufbauender Staat, nach Muster der damaligen Sowjetunion werden. Mit großer Geschwindigkeit wurde damit begonnen das Land von Grund auf neu zu gestalten. Am 26. März fusionierten die kommunistische und sozialdemokratische Partei zur neuen „Sozialistischen Partei Ungarns". Am selben Tag wurde „die Verstaatlichung aller Industrie- Bergbau- und Verkehrsbetriebe, die mehr als zwanzig Arbeiter beschäftigten", verordnet"[132]. Am 3. April wurde auch alles Land über 75 Katasterjoch verstaatlicht und in Produktionsgenossenschaften überführt[133].

Neben Gesetzen zur Abschaffung des Privateigentums, konnte die Räterepublik auch im Bereich des Bildungswesens große Veränderungen bewirken. Alle Schulen und Lehranstalten wurden verstaatlicht. In den Schulen wurde das Gebet, das zweimal täglich üblich gewesen war, untersagt, die Kreuze wurden entfernt und obschon dies keine zentrale Verordnung vorschrieb, wurde vielerorts auch der Religionsunterricht gestrichen.[134] Besonders hervorzuheben ist aber die „Einführung der obligatorischen und unentgeltlichen achtklassigen Volksschule, sowie die Vereinheitlichung der Gymnasien"[135]. Es wurden ebenfalls die Löhne der Arbeiter teils sehr stark angehoben, was die stark steigende Inflation aber nicht bremsen konnte. Eine weitere Errungenschaft der Räterepublik war das Festlegen des Wahlalters auf 18 Jahre und die Einführung des universellen Frauenwahlrechts. So konnten Anfang April die Räte gewählt werden, diese durften jedoch ausschließlich der sozialistischen Partei angehören und manche Personen wie Großgrundbesitzer und der Klerus waren von der Wahl ausgeschlossen[136].

Die revolutionäre Politik der Räterepublik stützte sich hauptsächlich auf die Arbeiter der Städte und Minen, auf Kleinbauern, aber auch auf Intellektuelle wie Georg Lukács, der zu den bedeutendsten marxistischen Theoretikern des 20. Jahrhunderts gehört. Weite Unterstützer waren bekannte ungarische Schriftsteller und Maler/Bildhauer wie Lajos Kassák, oder Mitglieder der literarischen Zeitschrift „Nyugat" (Westen), wie Zsigmond (Sigismund) Móricz, und Dezsö (Desiderius) Kosztolányi, welcher später auch Mussolinis Memoiren übersetzen sollte.[137] Damalige aber auch heutige Antisemiten sahen und sehen in der Tatsache, dass ein bedeutender Anteil von ca. 60-75% (je nach Zählung) der höheren Parteifunktionäre und Kommissare der jüdischen Minderheit angehörten,[138] einen unumstößlichen Beweis für die Verbindung zwischen Judentum und Bolschewismus. Dieser Vorwurf wurde und wird bis heute von antisemitischen Organisationen vorgebracht und lässt sich auch davon nicht entkräften, dass ein großer Teil des jüdischen Bürgertums die konservative Konterrevolution unterstützte[139]. Eine Erklärung für die relativ große jüdische Beteiligung bei den Revolutionen in Ungarn wie in Russland liefert andererseits ausgerechnet der Antisemitismus. So war es die Angst vor dem grassierenden Antisemitismus, die Angst vor Pogromen und das kommunistische Versprechen auf eine gerechte Welt, die so viele Juden dazu überreden konnte für eine kommunistische Welt zu kämpfen.

Politisch war die Räterepublik seit dem Tag ihrer Gründung massiven Anfeindungen von außen wie innen ausgesetzt. Überall im Westen fürchtete man eine Ausbreitung der Revolution, was nicht im Interesse der englischen, französischen oder italienischen Eliten lag. Aber auch die Vertreter des alten Systems wollten sich nicht einfach mit der Existenz der Räterepublik abfinden. So gründeten die führenden Köpfe der ungarischen Opposition das ungarische Nationalkomitee (Magyar Nemzeti Bizottság), dessen Führungspersönlichkeiten einige Jahre später Ungarn in den Zweiten Weltkrieg führen sollten. Es wurde im von Jugoslawien und Frankreich besetzten Szeged eine Gegenregierung installiert und hier taucht auch zum ersten Mal der Name Miklós Horthy im Zusammenhang mit antikommunistischen Aktivitäten auf. Horthy war der letzte Befehlshaber der K.uK. Kriegsmarine und ab 1920 bis zu seiner Absetzung 1944 „Reichsverweser" und Diktator. Ein anderes prominentes Mitglied der Gegenregierung in Szeged war Graf Pál Teleki, Pfadfinderführer und Ministerpräsident im Jahre 1941, als er wegen des deutsch/ungarischen Einmarsches in Jugoslawien, Suizid beging.

Nach der Ausrufung der Räterepublik sahen die Nachbarstaaten Ungarns die Möglichkeit ihre Gebietsansprüche zu erweitern und weitere Teile von Ungarn zu erobern. Sie wurden von Frankreich unterstützt, welches eine Räterepublik verhindern wollte. So rückten von Norden die tschechischen Einheiten, von Osten die rumänische Armee und von Süden die französisch-jugoslawischen Truppen vor.[140] Vor allem die rumänische Armee konnte große Zugewinne erzielen und bis zur Theiß vorstoßen. Nachdem von der Räteregierung durch eine Bewaffnung von Arbeitern und Bauern, die Truppenstärke auf ca. 200 000 erhöht werden konnte, gelang es ihnen große Teile der heutigen Slowakei zu erobern und dort sogar die Ausrufung einer slowakischen Räterepublik zu unterstützen.[141] Dies überraschte die französische Regierung, welche daraufhin den Rückzug der rumänischen Armee bis zur offiziellen Demarkationslinie im Austausch gegen einen Rückzug aus der Slowakei vorschlug. Nach langen Überlegungen stimmte die revolutionäre Regierung zu, um die mittlerweile schwierige Lage im Inneren des Landes stabilisieren zu können.[142] Als sich die rumänische Armee nicht zurückzog startete die Rote Armee einen Angriff auf den militärisch überlegenen Feind. Dieser Angriff scheiterte und führte das Ende der Räterepublik herbei. Die Führungspersönlichkeiten der Revolution flohen und die Rote Armee löste sich auf. Die Regierungsgewalt übernahm eine sozialdemokratische Regierung welche keine Macht mehr besaß und eine Eroberung Budapests durch die rumänische Armee nicht verhindern konnte.

Wichtige Gründe für das Scheitern der Revolution, waren neben den Angriffen von außen, auch die rigiden Unterdrückungsmaßnahmen von innen. Diese unter dem Begriff des „roten Terror" zusammengefassten Maßnahmen wurden vor allem von einer so genannten „Lenin Garde" ausgeführt, die das Ziel verfolgte jegliche konterrevolutionäre Aktionen zu unterdrücken[143].

Konterrevolution

Das Ende der Räterepublik ebnete den Weg für die nationalistische Regierung in Szeged. Diese konnte innerhalb einiger Monate die Kontrolle über das Land gewinnen und schließlich ein autoritäres Regime installieren. Im Laufe der Konterrevolution kam es zum so genannten „weißen Terror" der sich gegen Linke und Juden richtete und wobei laut Schätzungen um die tausend Menschen Lynchjustiz zum Opfer fielen und gefoltert oder ermordet wurden.[144] Viele der Betroffenen hatten die Revolution nie unterstützt. Als die Phase der wilden Verfolgungen zu Ende ging wurden auch „offiziell" zahlreiche Menschen eingesperrt oder hingerichtet. Neben Juden und Intellektuellen wurden auch die Freimaurer für die Räterepublik verantwortlich gemacht[145] und ihre Organisationen am 20. Mai 1920 schließlich verboten. Der Führer der neuen autoritären Regierung war „Admiral" Miklós Horthy.

Langsam festigte sich die Herrschaft Horthys und ab April 1920 zogen sich die rumänischen Einheiten auch von der Theiß-Linie zurück, nachdem sie Budapest und die westlicheren Gebiete schon früher geräumt hatten. Horthy der offiziell „nur" Kriegsminister der Regierung in Szeged war, wurde zum eigentlichen Machthaber in Ungarn. Er war es der auf seinem berühmten weißen Pferd nach Budapest einritt und die rumänische Besatzung beendete und er war es der die „nationale Armee" befehligte.[146] Horthy wurde am 1. März 1920 von der Nationalversammlung zum Reichsverweser (Statthalter) gewählt. Er behielt die Macht über das Heer und baute seine Rechte kontinuierlich aus.

Das „System Horthy" war von Nationalismus, Katholizismus und Antisemitismus geprägt. Formal ein Königreich und ein Mehrparteiensystem, faktisch jedoch ohne König und mit starken Einschränkungen der politischen Freiheit.[147] Getragen wurde das System vom christlichen Kleinbürgertum und der grundbesitzenden Bauernschaft. Antisemitismus war von Anfang an auch einer der bestimmenden Faktoren des Horthy – Regimes. So hat jener Graf Pál Teleki, der sich 1941 angesichts des drohenden Einmarsches in Jugoslawien erschoss, im Jahre 1920 als Ministerpräsident das „numerus clausus" Gesetz beschlossen wodurch der Zugang der Minderheiten zur universitären Bildung stark eingeschränkt wurde. Damit wird es Teleki zugeschrieben das erste (moderne) antisemitische Gesetz Europas erlassen zu haben.

Hothys Regime war entgegen der heute (in Ungarn) weitläufig vertretenen Meinung, keinesfalls eine Demokratie, sondern ein autoritärer Staat mit eingeschränkten Möglichkeiten zur Mitbestimmung. Der Anteil der passiv wahlberechtigten Bevölkerung lag 1920 bei ca. 40% was nicht um vieles niedriger war, als in zahlreichen anderen europäischen Staaten. Bei den bis 1939 stattfindenden Wahlen konnten immer mehrere Parteien antreten, wobei jede dieser Wahlen von der Einheitspartei (die ihren Namen mehrfach änderte) gewonnen wurde. Bestimmende Faktoren bei den Wahlen in der Horthy- Ära waren aber die gegen die Opposition ausgeübten Repressalien und Übergriffe. Diese Übergriffe richteten sich in den 20er Jahren gegen die Sozialdemokratie (welche bei der ersten Wahl gar nicht antrat).[148] In späterer Folge galten die Repressalien hauptsächlich den nationalsozialistischen Parteien, die oft und mehrfach verboten wurden und erst 1939 mit Ferenc Szálasi die ersten richtigen Erfolge feiern konnten.

Während des Zweiten Weltkriegs machte sich Horthy an der Deportation und Ermordung von zehntausenden Juden schuldig und das noch vor dem Einmarsch der Wehrmacht.[149] Nach dem Einmarsch der Wehrmacht wurden noch unter Horthy hunderttausende Juden in die polnischen KZ verschleppt und umgebracht. Bis zum Herbst 1944 gibt es an der führenden Rolle von Miklós Horthy und seiner (mit)Verantwortung an allen bis dahin begangenen Verbrechen keine Zweifel.

Der Vertrag von Trianon

Die Stabilisierung der politischen Lage in Ungarn führte zu einer Einladung der Regierung zu den Pariser Friedensverhandlungen. Das Resultat dieser Verhandlungen war eine Neugestaltung Europas.

Die Unterzeichnung der „Friedensvertrags" von Trianon, am 4. Juni 1920[150] beendete die Existenz des historischen ungarischen Königreichs und ist seither die Grundlage jeder irredentistischen und nationalistischen Strömung innerhalb der ungarischen Gesellschaft. Im Rahmen des Vertrags wurde Ungarn im Wesentlichen in fünf große Einheiten aufgeteilt. Der Norden wurde in die Tschechoslowakei eingegliedert, Siebenbürgen wurde an Rumänien angeschlossen, der Süden (inklusive Kroatien) wurde ein Teil des „Königreichs der Serben, Kroaten und Slowenen" (SHS – Staat) und das Banat wurde zwischen Rumänien und dem SHS Staat aufgeteilt. Das Burgenland kam nach Österreich, während zwei kleine Gebiete von Polen besetzt wurden und Italien Fiume/Rijeka annektierte[151]. Übrig blieb ein ungarischer Staat mit 93 000 km2 Fläche (Im Vergleich zu 282 000 km2 davor) und einer Einwohnerzahl von 7, 6 Millionen, anstatt von 18.2 Millionen[152].

In erster Linie war nicht die Größe des verlorenen Gebiets, sondern vor allem die Anzahl der nunmehr im Ausland lebenden Ungarn ein riesiges Problem für das wiedererrichtete „Königreich" und dessen Nachbarländer. Diese hatten nämlich aus nationalistischen Großmachtphantasien heraus große Gebietszuweisungen von den Alliierten verlangt und diese auch wegen strategischer Überlegungen zugesprochen bekommen. Ziel der Alliierten war es damit die so genannte „Kleine Entente", also Rumänien, Jugoslawien und die Tschechoslowakei gegenüber Deutschland zu stärken.[153]

Die genaue Grenzziehung war und bleibt sehr problematisch, da sie anhand von nationalistischen und strategischen Gesichtspunkten erfolgt ist und keineswegs anhand der Sprachgrenzen. US - Präsident Woodrow Wilson sprach zwar in seinem berühmten 14-Punkte Programm von einem „Selbstbestimmungsrecht der Völker" auf dessen Basis die Neuaufteilung der Welt erfolgen sollte,[154] im Falle Ungarns, wie im Falle zahlreicher anderer Gebiete (zB. Kurdistan, Naher

Osten...) wurden die Staatsgrenzen aber nach anderen Gesichtspunkten gezogen. So fanden sich Millionen von ethnischen Ungarn von einem Tag auf den anderen in Staaten wieder, in der sie Minderheiten waren und wo sie zum Spielball nationalistischer Politik wurden. Durch kleinere Veränderungen in der Grenzziehung, hätte man (mit Ausnahme der Szekler) die größten ungarischen Siedlungsblöcke bei Ungarn belassen und damit viele Probleme vermeiden können. Leider war und ist aber Vernunft keine Stärke der Politiker.

Nur in Ödenburg/Sopron wurde den Menschen die Möglichkeit gegeben über die Zugehörigkeit ihrer Stadt und des Umlandes zu entscheiden. Dort hat sich die Bevölkerung für den Verbleib bei Ungarn entschieden,[155] Zwar waren auch in weiteren Gebieten Volksabstimmungen angedacht, diese haben aber nicht stattgefunden. Der Vertrag von Trianon kann also mit jeder Berechtigung als ungerecht bezeichnet werden und seine Wirkung auf Ungarn und die benachbarten Staaten war fatal.

Schon damals haben sich zahlreiche Künstler ausführlich mit der Thematik beschäftigt. Eine dieser Persönlichkeiten war der junge Attila József, dessen Gedicht „Nem, nem, soha!" (Nein, Nein, Niemals!) über den Vertag, bis heute sehr bekannt ist und als Kampfspruch des ungarischen Irredentismus gilt. Attila József gilt als einer der herausragendsten ungarischen Dichter des 20. Jahrhunderts und jenes Gedicht zählt zu seinen umstrittensten Werken. Das Gedicht ist auch auf der Homepage der rechtsextremen Jobbik zu finden[156] und das, obwohl der Autor später sogar Mitglied der kommunistischen Partei wurde und dem linken politischen Spektrum zugeordnet werden kann.

József Attila: Nem, nem, soha!	Attila József: Nein, Nein Niemals!
Szép kincses Kolozsvár, Mátyás büszkesége,	Schönes Klausenburg voller Schätze, Stolz von Matthias (Corvinus),
Nem lehet, nem, soha! Oláhország éke!	Es darf niemals, nein niemals! Zierde Rumäniens sein!
Nem teremhet Bánát a rácnak kenyeret!	Das Banat darf für die Raitzen (Serben) kein Brot hervorbringen!
Magyar szél fog fúni a Kárpátok felett!	Ungarischer Wind wird über die Karpaten wehen!
	Wenn die Zeit kommt – werden sich die Gräber öffnen,
Ha eljő az idő - a sírok nyílnak fel,	
Ha eljő az idő - a magyar talpra kel,	Wenn die Zeit kommt – wird der Ungar aufstehen,
Ha eljő az idő - erős lesz a karunk,	Wenn die Zeit kommt - wird unser Arm stark sein,
Várjatok, Testvérek, ott leszünk, nem adunk!	Wartet Brüder, wir werden dort sein, nicht nachgeben!

Trianon und die damit einhergehende „Demütigung" sind bis heute überall in Ungarn sichtbar. Viele Autos haben einen Aufkleber mit einer Karte Groß-Ungarns auf der Rückscheibe und selbst heute noch werden überall im Land Monumente in Erinnerung an den Vertrag von Trianon aufgestellt[157]. Schon das Fahren eines französischen Autos kann in manchen Kreisen problematisch sein und den Verdacht einer „unpatriotischen" Einstellung entstehen lassen.

5. Antisemitismus und „Judengesetze"

In der Monarchie

Antisemitismus ist in Ungarn kein modernes Phänomen und geht bis weit in die Zeit der österreichisch– ungarischen Monarchie zurück. Es kam in Ungarn wie in anderen europäischen Staaten auch ab Mitte des 19. Jahrhunderts zur Entstehung des „modernen" Antisemitismus. Der Unterschied zum „Antijudaismus" der vorgehenden Jahrhunderte ist eine nicht auf religiöser Basis begründete Abneigung gegen das Judentum, sondern eine Degradierung von Jüdinnen und Juden aufgrund ihrer „Rassenzugehörigkeit". Die Entwicklung des Antisemitismus hatte mehrere Gründe, ein wichtiger Faktor beim ungarischen Antisemitismus war aber die bedeutende Stellung der ungarischen Juden innerhalb des ungarischen Großbürgertums und die besondere Schwäche nichtjüdischer Ungarn in diesem Bereich.

Juden war es in Ungarn (wie im restlichen Europa) Jahrhundertelang verboten etwas anderes außer Handel zu betreiben. Sie konnten zwar große Geldvermögen anhäufen, profitierten aber in einer Gesellschaftsordnung in der Macht weniger von Vermögen, als von Landbesitz und Adelstitel abhing, kaum von ihrem Geld. Während der „industriellen Revolution" konnten sie aber von den Veränderungen der europäischen Gesellschaft profitieren. Zwar hatte es während des 19. Jahrhunderts auch ein Teil des ungarischen Adels geschafft in bürgerlichen Geschäftsfeldern Fuß zu fassen, viele blieben aber ihrer adeligen Lebensweise treu und überließen die Rolle der Bankiers und Großkapitalisten jüdischen Kaufleuten, die sich in der zweiten Hälfte des Jahrhunderts als gefragte Financiers und Eigentümer von Industrieunternehmungen in die höchsten Kreise der Gesellschaft hocharbeiten konnten.[158] Ihre Rolle in der ungarischen Hochfinanz erregte das Missfallen der ungarischen Mittelschichten, die sich in ihren Aufstiegschancen behindert sahen. Juden waren ebenfalls als Verwalter/Pächter von Adelsgütern beschäftigt, was den Zorn der armen Landbevölkerung auslöste und so dem Antisemitismus in Stadt und Land fruchtbaren Boden bereitete.[159] Reiche jüdische Familien passten sich gegen Ende des 19. Jahrhunderts ihren Standesgenossen an, errichteten Stadtpalais und ahmten den Lebensstil des Adels nach. Diese Sichtbarkeit des jüdischen Wohlstandes (und die Unsichtbarkeit der weit verbreiteten jüdischen Armut) gab der antisemitischen Propaganda genauso weitere Triebkraft wie das starke Anwachsen der jüdischen Bevölkerung, deren Anteil an der Gesamtbevölkerung von 1% in den Jahren 1785/87, auf 4,2% im Jahre 1890 anstieg[160]. Der wahrscheinlich wichtigste Faktor für die Verbreitung des Antisemitismus war aber die Funktion der Juden als

Sündenböcke. Seit Jahrhunderten wurden sie in ganz Europa für Unglücke jeder Art verantwortlich gemacht und diese „Tradition" war in der Bevölkerung nicht nur tief verankert, sondern verstärkte sich durch das europaweit erstarken des Antisemitismus sogar.

Die große Mehrheit der liberalen Führungspersönlichkeiten Ungarns verurteilten noch in der Zeit nach dem Ausgleich den aufkommenden Antisemitismus scharf, so auch der sich im italienischen Exil befindliche Lajos Kossuth.[161] Dennoch konnte diese Ideologie an Unterstützung gewinnen und schließlich zu einem wichtigen Instrument in der ungarischen Politik werden. Die Gründung der ersten „Antisemitischen Partei" Ungarns (Országos Antiszemita Párt) im Jahre 1883 ist mit dem Namen Győző Istóczy verbunden[162]. Der 1842 geborene Politiker war der erste offen antisemitische Politiker im ungarischen Parlament[163] und gilt bis heute als Idol antisemitischer Kreise. Zwar war die erste antisemitische Partei bei den Wahlen nicht besonders erfolgreich, schaffte es aber das Thema des Antisemitismus in den öffentlichen Diskurs einzubringen. Es wurde damals eine jüdische Verschwörung herbeigeredet die angeblich das Ziel verfolgte „die christliche Gesellschaft zu zerstören und die Macht an sich zu reißen".[164]

Besondere Bedeutung gewann der Antisemitismus bei einem Gerichtsverfahren in den 80er Jahren des 19. Jahrhunderts, welches das Verschwinden eines Mädchens aus der Ortschaft Tisza–Eszlár im Jahre 1882 untersuchte. Aufgestachelt durch eine Hetzkampagne wurde die jüdische Bevölkerung des Ortes angeklagt, das Mädchen umgebracht und ihr Blut für ihre Rituale verwendet zu haben. Federführend bei der landesweiten Medienkampagne war der antisemitische Politiker Győző Istóczy und es ist wohl kein Zufall, dass die Gründung seiner antisemitischen Partei, zeitlich mit den Aufregungen um das Verfahren in Tisza-Eszlár zusammenhängt. Schließlich ging der Skandalprozess nach 15 Monaten wie erwartet mit einem Freispruch für alle Angeklagten zu Ende. Die Folgen für die ungarische Gesellschaft waren dennoch katastrophal. Es gab in vielen Landesteilen Ausschreitungen die nur mit Polizeigewalt eingedämmt werden konnten,[165] außerdem hatte die Justiz bei der Untersuchung des Falles gröbste Fehler gemacht und auch eine politische Einflussnahme zugunsten eines Freispruches war offensichtlich. All dies war Wasser auf den Mühlen des ungarischen Antisemitismus.

Die antisemitische Partei konnte sich trotz alledem nicht festigen und zu einer stabilen politischen Partei werden. Sie zerfiel einige Jahre nach dem Urteil und der politische Antisemitismus tauchte als starke politische Waffe in Ungarn erst Jahrzehnte später, in der Zwischenkriegszeit, wieder auf.[166] An Ungarn sind aber auch die antisemitischen Tendenzen in anderen Teilen der Monarchie und Europas nicht spurlos vorbeigegangen. So wirkten zu Anfang des 20. Jahrhunderts, sowohl der österreichische Antisemitismus eines Karl Lueger, wie die jüdischen Flüchtlingsströme nach den Pogromen in Russland, auf die ungarische Gesellschaft.

Antisemitismus und Bildung

Als der Erste Weltkrieg verloren ging, begann für Ungarn eine turbulente Zeit wechselnder Regierungen und das kurzlebige Projekt der kommunistischen Räterepublik. Die Räterepublik bot der antisemitischen Propaganda weiteren Aufschwung, da die jüdische Herkunft zahlreicher hochrangiger Mitglieder der kommunistischen Revolution den Beweis für eine jüdisch-bolschewistische Verschwörung lieferte. So lag zum Beispiel laut ungarischen Geschichtsbüchern, die Anzahl der (stellvertretenden-) Volkskommissare jüdischer Herkunft bei ca. 60% - bis 75%.[167]

Die Räterepublik wurde bald vom autoritär regierenden Miklós Horthy abgelöst und in diese Zeit fällt auch das erste offen antisemitische Gesetz des 20. Jahrhunderts, nämlich der so genannte „Numerus Clausus" aus dem Jahre 1920. Dieses unter Ministerpräsident Pál Teleki beschlossene Gesetz regelte die Aufnahme von Studenten der verschiedenen „Volksrassen" auf die Universität, wobei die Lehrplätze an der Universität nach der Größe der jeweiligen „Nationalität" vergeben wurden[168]. Dies benachteiligte alle Minderheiten, insbesondere aber die jüdische, die in einigen Studienrichtungen (wie zum Beispiel in der Medizin) weit mehr als bloß jene 4-5% der Studenten stellte, die ihnen laut Gesetz nach dem Anteil in der Gesamtbevölkerung zustanden. Der erwartete Effekt trat auch ein und die Anzahl jüdischer Studenten fiel von ca. 30-34% im Jahre 1918 auf ca. 8-11% in der ersten Hälfte der 1920er Jahre. Zwar konnten internationale Proteste und die damit erreichten Gesetzesmodifikationen im Jahre 1928 ein wenig an der Situation ändern. Mitte der 1930er Jahre fiel die Zahl der jüdischen Studenten aber wieder unter 10%.[169]

In den 1920er Jahren wurden mehrere Schulreformen durchgeführt und dabei großer Wert auf Nationalismus, Christentum, „Hungarisierung" und Irredentismus gelegt. Die richtige Schulbildung war für den neuen ungarischen Staat sehr wichtig, weshalb sich die Bildungsausgaben gemessen am BIP (im Vergleich zu den Jahren vor dem Weltkrieg) verdoppelten und hunderte neue Schulen gebaut wurden.[170] Ungarn hatte bis zum Ausbruch des Zweiten Weltkrieges große Anstrengungen beim Ausbau seines Schulsystems unternommen und konnte im Vergleich zu seinen Nachbarn ein sehr gutes Schulsystem mit einer sehr niedrigen Analphabetenquote vorweisen.[171]

Beim Unterrichtsstoff hatte die Regierung viel geändert. So wurde beim Geographie Unterricht in der Schule, immer die Karte von Groß-Ungarn zuerst gelernt und dann mit jener der Gegenwart verglichen. Der „Kanon" der ungarischen Dichtkunst wurde umgeschrieben und all jene Schriftsteller daraus entfernt, die nicht mehr in das Schema der patriotisch- nationalistischen Erziehung hineinpassten. Der Stundenplan wurde auf „Nationalkunde" (Nemzetismeret) ausgelegt, was ungarische Geschichte, Literatur, Sprache und Wirtschaft in den Vordergrund stellte und andere Studienfächer wie Weltgeschichte oder Naturwissenschaften vernachlässigte. Jeder Schultag der Horthy Ära begann und endete mit einem kurzen nationalistischen Gebet, dem „ungarischen Glaubensbekenntnis".[172] Die erste Strophe des Gebets lautete:

Hiszek egy Istenben,	Ich glaube an einen Gott
Hiszek egy hazában,	Ich glaube an eine Heimat
Hiszek egy isteni örök igazságban,	Ich glaube an eine gottgegebene ewige Wahrheit
Hiszek Magyarország feltámadásában.	Ich glaube an die Wiederauferstehung Ungarns
Ámen	Amen

Die Einführung des Numerus Clausus im Jahre 1920 war der Beginn einer radikal-antisemitischen Politik welche nach dem Ersten Weltkrieg entstand und im Holocaust ihren Endpunkt erreichte. Zum ersten Mal in der ungarischen Geschichte wurde der Antisemitismus offiziell von staatlichen Stellen ausgeübt und (was noch viel wichtiger war) durch die Bildungsinstitutionen verbreitet.

Die ersten faschistischen Parteien

Eine der ersten bedeutenden rechtsradikalen Parteien Ungarns war die 1919 gegründete MOVE (Magyar Országos Véderő Egylet/Ungarische Überregionale Schutz-Einheit) unter der Führung von Gyula Gömbös. Gömbös gilt als einer der federführenden rassistischen Theoretiker Ungarns. Er war sowohl mit den Schriften von Houston Steward Chamberlain vertraut, wie mit den Ostara Heften, die zu den bedeutendsten antisemitischen Zeitschriften ihrer Zeit gehörten[173] und auch Hitler als Lektüre dienten. Er übernahm viele Bestandteile der westeuropäischen antisemitischen Propaganda ins Ungarische und war ein starker öffentlicher Verfechter der Rassentheorie und Gegner der „Vermischung" von Ungarn und Juden. Seine antisemitischen Theorien hatten (und haben) großen Einfluss auf spätere Generationen von ungarischen Politikern.

Das erklärte Ziel von MOVE war bei ihrer Gründung (gleich nach Kriegsende und vor der Ausrufung der Räterepublik) die militärische Vertreibung der alliierten Soldaten aus Ungarn und der Sturz der sozialdemokratischen Regierung durch eine Einkesselung der Hauptstadt. Die Bewegung stützte sich hauptsächlich auf (ehemalige) Offiziere und die Landbevölkerung. Gömbös konnte nach Auffliegen seiner Pläne, diese nicht mehr in die Tat umsetzen und musste nach Wien flüchten. Dort bezeichnete er sich selbst als „nationalen Sozialisten".[174] Gömbös konnte erst nach dem Sieg von Miklós Horthy über die Räterepublik, nach Ungarn zurückkehren, wo er seine Partei weiter ausbaute. In der Zwischenkriegszeit konnte die rechtsextreme Partei auf beachtliche Größe anwachsen, verlor aber schließlich nach dem Rücktritt von Gömbös 1928 ihre Bedeutung.[175] Von der Horthy - Regierung wurde die MOVE ausgegrenzt und hörte offiziell 1945 zu existieren auf.

Gömbös sollte in den 30er Jahren als Verteidigungsminister und Ministerpräsident unter Horthy in die Politik zurückkehren. Dies tat er jedoch in der ebenfalls 1919 gegründeten Einheitspartei, die ab Oktober 1932 den Namen NEP „Nationale - Vereinigungs - Partei" (Nemzeti Egyesülés Pártja) trug.[176] Die NEP gilt bis zur Machtergreifung der Pfeilkreuzler als bedeutendste Partei im System Horthy und wurde von einer Gruppe ehemaliger Politiker, Großkapitalisten und Magnaten als konterrevolutionäre Partei gegründet. Sie versuchten nicht mit bewaffnetem Kampf, sondern in Verhandlungen mit den Alliierten so viel wie nur möglich von „Großungarn" zu retten.[177] Gründer und langjähriger Leiter der Partei war Graf István Bethlen, ungarischer Ministerpräsident von 1921 bis 1931. Das Profil der Partei kann als konservativ-großbürgerlich - utoritär umschrieben werden. Sie spielten mit ihrer antisemitischen Politik eine wichtige Rolle in der Vorbereitung des ungarischen Holocaust, galten und gelten aber dennoch nicht als faschistisch oder nationalsozialistisch.

Die ersten dezidiert faschistischen und nationalsozialistischen Parteien Ungarns, entstanden zu Beginn der Horthy Ära. Als erste gilt die im Frühling 1922 gegründete „Überregionale National-Sozialistische Partei" (Országos Nemzeti Szocialista Párt).[178] Diese Partei sollte jedoch nur die erste von zahlreichen Klein- und Kleinstparteien sein, die sich als nationalsozialistisch oder faschistisch verstanden. Die im Jahre 1923 gegründete zweite Kleinpartei hatte den deutschen Namen „Ungarischer Völkisch-Nationaler Actionsanschluß" und bestand ein Jahr, bevor ihre Gründer wegen Putschversuchs zu eineinhalb Monaten Zuchthaus verurteilt wurden.[179] Im Jahre 1928 waren dem ungarischen Innenministerium bereits 9 faschistische und nationalsozialistische Parteien bekannt, die alle mehr oder weniger stark von der Weltwirtschaftskrise profitieren konnten, sich in den nächsten Jahren aber meist auflösten. Das Horthy-Regime versuchte die faschistischen und NS Parteien zurückzudrängen und wies Kirchen und Verwaltungen an die Versammlungen von solchen Gruppen nicht zu unterstützen, nicht zu genehmigen und zu überwachen.[180] All diese Parteien spielten bei den späteren Ereignissen kaum eine Rolle und die meisten verschwanden so schnell wie sie aufgetaucht waren.

Die Vereinigung der nationalsozialistischen Parteien Ungarns ist mit dem Namen des ungarischen Generals Ferenc Szálasi verbunden, der im März 1935 mit der „Partei des nationalen Willens" (*Nemzeti Akarat Pártja*) seine erste Partei gründete. Nach dem Verbot der Partei gründete er noch zahlreiche andere nationalsozialistische und „hungaristische" Parteien, die auch alle regelmäßig verboten wurden. Trotz andauernden Verboten und Repressionen von Seiten der Regierung wuchs die nationalsozialistische Bewegung schnell und im Oktober 1937 wurde schließlich die aus sieben Fraktionen bestehende Ungarische Nationalsozialistische Partei (*Magyar Nemzeti Szocialista Párt*) gegründet.[181] Auch diese Partei wurde schon 1938 verboten und Szálasi musste von 1938 bis 1940 eine Gefängnisstrafe absitzen. Schließlich konnte er aber im Februar 1942, die Pfeilkreuzlerpartei in jener Form gründen, in welcher sie bis zur Machtübernahme 1944 bestand. Unter dem Namen Pfeilkreuzler Partei - Hungaristische Bewegung (*Nyilaskeresztes Párt - Hungarista* Mozgalom) war sie ein Zusammenschluss der meisten faschistischen, rechtsradikalen und nationalsozialistischen Parteien Ungarns. Am 25. August 1944 wurde die Partei noch einmal verboten, bevor Szálasi am 15. Oktober 1944 von der deutschen Besatzungsmacht in Ungarn zum Ministerpräsidenten ernannt wurde[182].

Was Szálasis Ideologie angeht, war er neben einem strammen Nationalsozialisten auch jemand der in einigen Positionen stark von der Meinung seiner „Kameraden" abwich. So argumentierte er im Programmheft seiner Partei nicht für eine Wiedererrichtung von Groß-Ungarn, sondern für die Schaffung eines konföderierten (aber ungarisch dominierten) Staates auf dem Gebiet des ehemaligen ungarischen Königreiches. Dieses sollte „Vereinigte Länder Hungaria" (Hungária Egyesült Földek) heißen und nur mit Einverständnis der Großmächte errichtet werden. Diese Meinung brachte ihm reichlich Kritik seines revisionistischen Umfelds ein.[183] Daneben trat er als entschlossener Christ für die Trennung von Kirche und Staat ein und war zwar Antidemokrat aber unterstützte Volksabstimmungen. Als eingefleischter Antisemit unterstützte er einen Numerus Clausus der in der gesamten Gesellschaft gelten sollte und den Anteil der Juden in der Gesamtbevölkerung in allen Berufen im Staat beschränken sollte.

6. Horthy und der Weltkrieg

Die Vorbereitungen für den Krieg.

Hatten noch gleich nach der Unterzeichnung des Vertrags von Trianon einige ungarische Politiker die Hoffnung, dass die für Ungarn negativen Grenzveränderungen durch Annäherung an die Alliierten und diplomatische Verhandlungen geändert werden könnten, erwies sich dies als Täuschung. Obwohl es in den Jahren nach dem Abschluss des Friedensvertrages zahlreiche Verhandlungen über eine engere Zusammenarbeit mit den Nachbarstaaten gegeben hat, geriet Ungarn zunehmend in eine politische Isolation. Die ungarische Regierung suchte in ihrer isolierten Lage nach Verbündeten und konnte Ende der 20er Jahre die ersten Erfolge erzielen. Die ersten Verbündeten Ungarns waren das faschistische Italien (1927), Polen (1928) und Österreich (1931). Die Annäherung an Deutschland trug erst nach der Machtübernahme der Nationalsozialisten (1933) Früchte.

Eines der wichtigsten Ziele der Pariser Friedensverträge war die Schwächung Deutschlands. Entgegen dieser Absicht, trieb Trianon, das außenpolitisch immer stärker isolierte Ungarn enger an Deutschland heran. Diese politische Nähe war wiederum zusammen mit der irredentistischen Politik Ungarns, eine der Gründe für die Gründung der „kleinen Entente" (Rumänien, Tschechoslowakei, Jugoslawien).[184] Bereits damals wurde die Zwischenkriegszeit oft als solche wahrgenommen und es dauerte nicht lange bis die Vorbereitungen für den nächsten Krieg begannen.

Der Vertrag von Trianon gestattete Ungarn nur eine kleine Berufsarmee in der Größe von 35 000 Mann, was wegen der schlechten Ausrüstung und Arbeitsbedingungen auch nicht ganz erreicht wurde. Im Jahre 1930 begann die Modernisierung der Armee.[185] Der Fokus lag auf Artillerie, Panzern und Flugzeugen, die in den Jahren darauf auch beschafft wurden. Im Jahre 1932 wurde die Wehrpflicht wieder eingeführt und die Truppenstärke wuchs bis 1937 auf ca. 80 000 – 85 000[186] und bis 1940 sogar auf 107 000[187] Soldaten an. Die Armee war jedoch trotz ihrer Größe schlecht ausgerüstet und verfügte nur über einige moderne Abteilungen mit Panzerfahrzeugen (oder generell motorisierten Fahrzeugen).

Nach der Machtübernahme Hitlers, war es der ungarische Ministerpräsident Gyula Gömbös, der als erster europäischer Staatschef den „Führer" besuchte. Ziel dieser Annäherung war es einen weiteren Verbündeten in der Frage der Revision der ungarischen Grenzen zu finden. Nach einer engen Allianz mit Mussolini und seit 1934 mit dem austrofaschistischen Österreich, war gegen Ende der 1930er Jahre auch Deutschland bereit die Ziele Ungarns zu unterstützen, allerdings zuerst nur dort wo es um die Tschechoslowakei ging. Gleichzeitig machte Hitler auch klar, dass es keine hundertprozentige Revision der Grenzen geben wird.[188] Im Falle der Tschechoslowakei wollte Hitler die ungarische Regierung unter Ministerpräsident Béla Imrédy davon überzeugen, den Agent Provocateur zu spielen und im Tausch für das alte Oberungarn, einen bewaffneten Konflikt zu provozieren, der der Wehrmacht als Vorwand für eine deutsche Invasion dienen würde.[189] Dieses Angebot wurde nicht angenommen und so musste Hitler schließlich selbst in das „Sudetenland" einmarschieren. Ungarn wurde bei der Aufteilung der Tschechoslowakei dennoch mit großen Landgewinnen belohnt.

Béla Imrédy, war mit seiner Politik bei der teilweisen Rückgewinnung der ehemals nordungarischen Gebiete,[190] in Misskredit geraten. Vor allem von rechtsextremer Seite wurde es als historischer Verrat eingestuft, dass er nicht alles zurückgewinnen konnte. Problematischer war aber sein Engagement bei der Gründung der faschistischen „Bewegung ungarisches Leben" (Magyar Élet Mozgalma), die bei Horthy und großen Teilen der Elite auf Ablehnung stieß. Diese Bewegung sollte der Grundstein für eine neue Einheitspartei werden und auch den Pfeilkreuzlern unter Szálasi das Wasser abgraben.[191] Imrédy galt als radikaler Antisemit und Verfasser des so genannten „ersten ungarischen Judengesetzes" aus dem Jahre 1938, welches die Juden bei der Berufswahl diskriminierte, bestimmte Berufe (zB. Zeitungsredakteure) verbat und bei Industrie und Handelsangestellten eine 20% Klausel einführte.[192] Dieses Gesetz definierte im Unterschied zum „zweiten Judengesetz" von 1939 die betreffenden Personen noch auf religiöser Grundlage. Umso ironischer ist die Tatsache, dass der offizielle Grund für die spätere Entlassung Imrédys, seine angeblich jüdische Verwandtschaft war.[193] Am 16. Februar 1939 übernahm Graf Pál Teleki den Posten als Ministerpräsident.

Die Appeasement-Politik der Westmächte ermöglichte es Hitler, die Tschechoslowakei aufzuteilen und sich das historische Böhmen einzuverleiben. Aus den übriggebliebenen Teilen der Tschechoslowakei sollte ein eigener faschistischer slowakischer Staat entstehen ein wenig an Polen gehen und der Rest an Ungarn angeschlossen werden. So wurden am 2. November 1938, beim 1. Wiener Schiedsspruch insgesamt ca. 12 000 km2 Land wieder an Ungarn angeschlossen, dessen Bevölkerungsmehrheit je nach Zählung zwischen 57% und 82% ungarisch war.[194] Mit dieser Politik unterstützte Horthy den deutschen Expansionismus und war aktiv an der Auflösung der Tschechoslowakei beteiligt. Als Dank für die Hilfe Hitlerdeutschlands wurde für die deutsche Minderheit in Ungarn der der nationalsozialistische „Volksbund der Deutschen in Ungarn" gegründet und Ungarn trat nicht nur aus dem Völkerbund aus, sondern auch dem „Antikominternpakt" bei.[195]

Dass ungarische Truppen am 15. März 1939, zeitgleich mit der Wehrmacht, in die Rest-Tschechoslowakei einmarschierten und nach Kämpfen mit ukrainischen Nationalisten die Karpatenukraine besetzten,[196] konnte nicht mehr mit den Bevölkerungszahlen erklärt werden. Die Anzahl der Ungarn in den neu hinzugekommenen 12 000 km2 lag nämlich nur bei maximal 10%, während die überwiegende Mehrheit der Bevölkerung (70-75%) ruthenisch (ukrainisch) war.[197] Ein wichtiger Grund für den Anschluss der Karpatenukraine, war jedoch nicht die ungarische Minderheit, sondern die gemeinsame Grenze mit Polen, welche nicht nur wegen des traditionellen Naheverhältnisses dieser beiden Staaten wichtig war, sondern von der damaligen politischen Elite, als Ausweg gegenüber einer Bindung durch die kleine Entente und des deutschen Reiches gesehen wurde.[198]

Die Besetzung der Karpatenukraine war der erste große Erfolg der Regierung Teleki, und der erste gemeinsame Waffengang mit der deutschen Wehrmacht. Trotz dieser engen Zusammenarbeit mit Hitler, verfolgte die ungarische Regierung offiziell aber eine neutrale Politik und war auch noch nicht gewillt, die Kriminalisierung der Pfeilkreuzlerbewegung aufzugeben. So stand es Ungarn am Vorabend des Zweiten Weltkrieges theoretisch noch offen, sich der deutschen Expansionspolitik zu entziehen.

Kriegsbeginn und Expansion

Am 1. September 1939 begann mit dem Angriff des Deutschen Reiches auf Polen, der Zweite Weltkrieg. Dies war jedoch nicht der Kriegseintritt Ungarns, dessen Armee zwar an diversen Kriegshandlungen teilnahm, aber erst ungefähr zwei Jahre später der UdSSR und den restlichen Alliierten den Krieg erklärte. Offiziell hielt Ungarn an seiner Politik der Neutralität fest und unterstützte Polen sogar insgeheim durch eine Freiwilligenlegion. Außerdem erlaubte Ungarn nicht einmal die Passage von deutschen Truppen durch das Land. Als die Lage in Polen aussichtslos wurde, ermöglichte Ungarn rund 100 000 polnischen Flüchtlingen die Einreise, oder Passage nach Jugoslawien. Einige schlossen sich dort den alliierten Truppen an, andere blieben bis zur Besetzung Ungarns durch die Wehrmacht 1944 im Land.[199] Mit diesem Handeln hat sich Ungarn bei Hitler nicht besonders beliebt gemacht. Dieser beklagte die fehlende Opferbereitschaft und nahm es der ungarischen Regierung sehr übel, die Truppentransporte der Wehrmacht beim Polenfeldzug nicht durch das Land gelassen zu haben.[200]

Als im Sommer 1940 die Sowjetunion Rumänien ein Ultimatum für die Rückgabe Bessarabiens und der Nordbukowina stellte, wurde die Beziehung Ungarns mit dem Dritten Reich auf eine neue Probe gestellt. Für Ungarn war dies eine Chance ebenfalls territoriale Forderungen an Rumänien zu stellen.

Sollte dem Begehren der Sowjetunion nachgegeben werden, müsste das auch mit den ungarischen Wünschen geschehen.[201] Die UdSSR ermunterte Ungarn sogar zu einem gemeinsamen militärischen Auftreten, was schließlich die deutsche Diplomatie auf den Plan rief, welche sowohl einen einseitigen Angriff Ungarns, als auch eine militärische Kooperation mit der UdSSR um jeden Preis verhindern wollte. Rumänien überließ der UdSSR die geforderten Gebiete und Hitler erklärte sich bereit im rumänisch – ungarischen Grenzstreit zu vermitteln. Dazu wurde eine Kommission ins Leben gerufen, welche die Vorstellungen der zwei Parteien zu einem Kompromiss ausarbeiten sollte.[202] Sie begann ihre Arbeit am 16. August 1940 in Turnu Severin (Szörényvár), jedoch konnten die zwei Parteien nicht zu einer Einigung kommen, weswegen eine Entscheidung in dieser Frage an Rom und Berlin delegiert wurde. Am 30. August 1940 wurde das Ergebnis in Wien bekanntgegeben (Zweiter Wiener Schiedsspruch). Danach sollte Ungarn ein Gebiet von rund 43 000 km^2 mit 2,5 Millionen Einwohnern zurückbekommen[203]. Je nach Zählweise verfügten die Ungarn im zurückbekommenen Gebiet über eine absolute oder relative Mehrheit (52% oder 49%), es fielen durch diese Entscheidung aber auch mehr als eine Million Rumänen an Ungarn.[204]

Für die ungarische Öffentlichkeit war die neue Grenzziehung ein Grund zur Freude und für die Regierung ein Grund sich bei Deutschland gebührend zu bedanken. Ungarn stand in tiefer Schuld gegenüber dem Dritten Reich und musste nunmehr auf alle gestellten Forderungen eingehen.

Nachdem am 24. Februar 1938 die Partei von Ferenc Szálasi, die Nationalsozialistische Partei Ungarns – Hungaristische Bewegung (Magyar Nemzeti Szozialista Párt – Hungarista Mozgalom), verboten und die Parteileitung entweder eingesperrt oder nach Wien vertrieben wurde, musste Szálasi die Zeit von August 1938 bis September 1940 im Gefängnis verbringen. Auf Wunsch Hitlers kam er nach dem Zweiten Wiener Schiedsspruch frei und konnte von nun an seiner Propagandatätigkeit offen nachgehen.[205] Ebenfalls nach dem Zweiten Wiener Schiedsspruch wurden bis auf den nationalsozialistischen „Volksbund" alle deutschsprachigen Vereine in Ungarn verboten, die Exporte nach Deutschland ausgeweitet und mit einem dritten Judengesetz die Rechte der jüdischen Bevölkerung weiter beschnitten. Nach Abschluss dieses Vertrages, war einer der Wünsche Hitlers eine Durchfahrtserlaubnis seiner Truppen durch Ungarn um sich in Rumänien für den Angriff auf die Sowjetunion aufzustellen. Damit war der ungarischen Regierung spätestens seit dem Herbst 1940 klar, dass entgegen aller geschlossenen Verträge, Hitler der UdSSR den Krieg erklären wird. Ungarn trat offiziell dem Dreimächteabkommen zwischen Italien, Deutschland und Japan bei.[206]

Der Zweite Wiener Schiedsspruch wurde von den Westalliierten nicht anerkannt, weswegen sich auch die diplomatischen Beziehungen zu den USA, Großbritannien und Frankreich schlagartig verschlechtern.[207] Zwar wurde Ungarn nicht sofort der Krieg erklärt, aber die britische Regierung machte klar, dass keine weiteren Aggressionen gegen Verbündete geduldet würden.[208] Das war zu einer Zeit wo sich große Teile Europas schon längst im Krieg befanden.

In den Monaten vor dem Angriff war Jugoslawien der einzige verbliebene unabhängige Nachbar Ungarns. In Österreich, Polen und Rumänien stand schon die Wehrmacht, und die UdSSR war sozialistisch, was die diplomatischen Möglichkeiten Ungarns stark einschränkte. Die ungarische Politik durfte sich bei ihrer Annäherung an Jugoslawien der deutschen Unterstützung sicher sein, war Jugoslawien doch ein Staat, der den Achsenmächten zumindest positiv gegenüberstand. Als aber die Freundschaft zwischen den beiden Nachbarn, in einem „ewigen Freundschaftsvertrag" besiegelt wurde, hatte sich die politische Lage bereits geändert und die Freude Hitlers über diesen Vertrag hielt sich in Grenzen.[209] Der Versuch Mussolinis, Griechenland zu erobern, war gescheitert und die Wehrmacht benötigte Jugoslawien als Aufmarschgebiet gegen Griechenland. Darüber hinaus kam es Ende März 1941 in Belgrad zu einem Regimewechsel, was die deutsche Regierung an der Treue der jugoslawischen Regierung zweifeln ließ. Schließlich fasste Hitler den Entschluss zum Angriff und ließ gegenüber der ungarischen Regierung keinen Zweifel aufkommen, dass er bei der Besetzung Jugoslawiens mit der Unterstützung (unter anderem) Ungarns rechne. Diese Forderung stellte Ministerpräsident Teleki vor die Wahl, entweder mit Deutschland zu kooperieren und die revisionistische Politik des Landes weiter zu verfolgen dafür aber endgültig jedes Wohlwollen der Westmächte zu verlieren, oder es nicht zu tun und eine deutsche Invasion zu riskieren. Diese Entscheidung lastete so schwer auf ihm, dass er am 3. April 1941 Suizid beging, letzten Endes die Invasion aber befürwortete.[210]

Glücklicherweise war Jugoslawien kein Verbündeter Großbritanniens, sonst hätte der am 11. April 1941 erfolgte ungarische Überfall auf das südliche Nachbarland wohl eine Kriegserklärung von den Westalliierten eingebracht. Dies war aber nicht der Fall. Zwar verschlechterten sich die diplomatischen Beziehungen mit Großbritannien noch weiter, an einer Kriegserklärung katte aber keine der beiden Seiten ein Interesse.[211] So blieb Ungarn auch noch im April 1941 vom Krieg verschont und wurde sogar mit einem Landstrich über 11 500 km^2 belohnt. Alles in allem schien die Lage für Ungarn also ganz vorteilhaft zu sein. Dank geschickter Diplomatie und einem guten Verhältnis zum Dritten Reich, konnte man einen Großteil der von Ungarn bewohnten Gebiete im Ausland wieder ans Land angliedern und sich dennoch aus dem großen Krieg heraushalten. Von 1938 bis 1941 wuchs das Staatsgebiet Ungarns von 93 000 km^2 auf 172 000 km^2 und die Bevölkerung von 9 Millionen auf 14.6 Millionen Einwohner an. Die Zahl der Minderheiten in Ungarn stieg in diesen Jahren auf ungefähr 21% der Gesamtbevölkerung[212].

Der Krieg gegen die Sowjetunion

Die für Ungarn im Vergleich mit den Nachbarstaaten recht angenehme Lage, nicht vom Krieg betroffen zu sein, änderte sich am 26. Juni 1941 als es sich dem deutschen Angriff auf die UdSSR anschloss. Dem Kriegseintritt waren einige Kontroversen mit dem Deutschen Reich vorangegangen, welches Ungarn als Verbündeten beim Angriff auf die UdSSR gewinnen wollte. Um dieses Ziel zu erreichen wurden mehrere Strategien verfolgt.

Die Minimalforderung an Ungarn waren Transitrechte der Wehrmacht, die Rumänien als Aufmarschgebiet benötigte. Diese Pläne wurden jedoch bereits im April 1941 verworfen, als in Berlin die Entscheidung getroffen wurde Ungarn zum Angriff auf die Sowjetunion zu bewegen.[213] Es gab daraufhin mehrere informelle Gespräche mit der ungarischen Regierung, offiziell erfuhr Ungarn aber erst am 15. Juni (sieben Tage vor dem Überfall auf die UdSSR) von der geplanten Invasion. Im Falle einer Kriegsteilnahme wurden Ungarn unter anderem mehr Land in Jugoslawien und in der Sowjetunion versprochen, was aber auch in der deutschen Regierung nicht unumstritten war.[214]

Nach dem Angriff der Wehrmacht auf die Sowjetunion, war die ungarische Regierung noch immer unentschlossen ob sie am Krieg teilnehmen solle oder nicht. Befürwortet wurde ein Kriegseintritt von rechtsextremen Kreisen und dem Militär, abgelehnt von Intellektuellen, demokratischen Kreisen und jenen, die eine Niederlage Hitlers vorhersahen.[215] Am 24. Juni erhielt Ministerpräsident Bárdossy schließlich ein Telegramm des sowjetischen Außenministers Molotov, der sich im Gegenzug für eine nicht - Einmischung Ungarns, bereit erklärte, nicht nur den Zweiten Wiener Schiedsspruch anzuerkennen, sondern auch weitere Gebietsforderungen zu unterstützen. Dieser Vorschlag wurde von Bárdossy nicht ernst genommen und weder Horthy noch der Regierung weitergeleitet.[216] Andererseits sah die ungarische Regierung auch kaum Gründe, die für einen direkten Angriff auf die UdSSR sprachen.

Dies änderte sich am 26. Juni als die Städte Kassa (Košice), Munkács (Munkačewo/Mukačewe) und Rahó (Rachiv) von mysteriösen Flugzeugen bombardiert wurden. Die ungarische Regierung ging offiziell von einem sowjetischen Angriff aus, auch wenn die UdSSR noch am selben Tag erklärte die Städte nicht bombardiert zu haben.[217] Neben diesen Beteuerungen gab es telefonische Berichte von Zeugen die angaben, dass die angreifenden Flugzeuge deutscher Bauart waren.[218] Die Regierung schenkte diesen Erklärungen keinen

Glauben und entschied sich noch am selben Tag für einen Angriff auf die Sowjetunion. Die Kritiker dieser Entscheidung wollten nicht an einen sowjetischen Angriff auf Ungarn, sondern eine Verschwörung von deutschen und ungarischen Militärs glauben.[219] Diese Überzeugung wird bis heute von einem Großteil der ungarischen Historiker geteilt. Genutzt hat dieser Zwischenfall jedenfalls dem Dritten Reich, welches einen neuen Verbündeten für den Krieg gegen die UdSSR bekommen hat. Angemerkt sollte noch sein, dass die Kriegserklärung noch dazu verfassungswidrig war, da es hierzu eines Parlamentsbeschlusses bedurft hätte.[220]

Als am 27. Juni 1941 die ersten ungarischen Soldaten die sowjetische Grenze überschritten, befand sich die Armee in einem schlechten Zustand und für einen Krieg gegen die UdSSR nicht gerüstet. Ein Großteil der Armee war nicht motorisiert und die wenigen motorisierten Einheiten waren schwach. Von den offiziell 302 Flugzeugen der Luftwaffe, waren 53 verschwunden, 60 nicht flugfähig[221] und die restlichen waren nicht in der Lage in den ersten Kriegstagen ihre Ziele zu erreichen, auch wenn sie nur wenige Kilometer hinter der ungarischen Grenze lagen.[222]

Trotz der schlechten Ausrüstung, konnte sich vor allem das aus leichten Panzern, Fahrrädern und Pferden bestehende schnelle Korps der Wehrmacht anschließen und weit in den Süden der UdSSR vorstoßen.[223] Bereits Ende August/Anfang September änderte sich jedoch die Stimmung in der ungarischen Regierung und schon bald wurden mit Hitler Verhandlungen über einen Rückzug des erschöpften schnellen Korps geführt. Dieses war zu Beginn des Winters bereits am Ende seiner Kräfte angekommen und verfügte weder über ausreichend Treibstoff, noch über ausreichend Pferde[224]. Es wurde daher von Oktober bis Dezember 1941 aus der Sowjetunion abgezogen.[225] Im Gegenzug für den Rückzug der Fronttruppen wurden 40 000 Soldaten als Besatzungsarmee und zur Partisanenbekämpfung zurückgelassen.[226]

Ende 1941 wurde der deutsche Vormarsch gestoppt und zu Beginn des Jahres 1942 begann sich das Blatt zu wenden. In dieser Situation verlangte Hitler von der ungarischen Regierung mehr Truppen und bekam auch insgesamt rund 200 000 Soldaten zugesagt, die entlang des Don eine Verteidigungsstellung einnehmen sollten. Als am 12. Jänner 1943 die sowjetische Offensive begann, wurde die so genannte 2. ungarische Armee innerhalb kürzester Zeit vernichtet und ein Großteil der ungarischen Soldaten ist entweder gefallen, verschwunden, wurde verwundet oder ist in Gefangenschaft geraten.[227] Von dieser Niederlage konnte sich die ungarische Armee bis zum Ende des Krieges nicht mehr erholen.

Was den Krieg mit den Westalliierten angeht, hat selbst der Angriff auf die UdSSR nicht zu einer Kriegserklärung Großbritanniens geführt. Erst nach monatelangem Drängen Stalins und dem Ablaufen eines britischen Ultimatums zur

Beendigung der Kriegshandlungen gegen die UdSSR, erklärte Großbritannien Ungarn am 7. Dezember 1941 den Krieg.[228] Den Vereinigten Staaten hat Ungarn am 11. Dezember 1941 den Krieg erklärt, was jedoch von der amerikanischen Regierung anscheinend kaum wahrgenommen wurde. Ungarn wurde erst am 5. Juni 1942 die amerikanische Kriegserklärung übermittelt.[229]

Zeiten des Widerstands

Der Angriff Ungarns auf die Sowjetunion, wurde von der Bevölkerung nicht mit Begeisterung aufgenommen. Es wuchs zwar während des schnellen Vorrückens der Wehrmacht die Zahl der Kriegsbefürworter, größtenteils waren die Menschen aber besorgt und von Zukunftsängsten geplagt.[230] Gleichzeitig mit dem überraschenden Kriegseintritt, intensivierte die Regierung ihre Repressionsmaßnahmen gegen die politische Linke (Kommunisten, Linkssozialisten, Intellektuelle....). Die Zensur und das Versammlungsverbot wurden verschärft, Tausende wurden verhaftet und in Internierungslager gesteckt. Die legalen Gewerkschaften, sowie die noch nicht verbotenen linken Parteien/Organisationen wurden eingeschüchtert.[231]

Die Lage der jüdischen Minderheit verschärfte sich in dieser Zeit ebenfalls. Immer mehr so genannte „Judengesetze" wurden erlassen die das Leben der jüdischen Minderheit stetig verschlimmerten. Ab dem Jahre 1941 galt eine jüdisch- ungarische Mischheirat (oder eine solche Beziehung) als „Rassenschande" und ab 1942 wurde Juden der Kauf und Besitz von Land verboten.[232] Jüdische Männer durften keinen Wehrdienst mehr leisten und mussten stattdessen im so genannten Arbeitsdienst, militärische oder zivile Hilfsarbeiten ausführen und zum Beispiel unter erbärmlichen Bedingungen Schützengräben in der UdSSR ausheben. Es kam außerdem bereits 1941 zu der Deportation (und anschließenden Ermordung) von ca. 18 000 Juden mit nicht ungarischer Staatsbürgerschaft in die Ukraine und zu ersten Pogromen an tausenden Juden in der Vojvodina 1942 (Siehe hierzu Kapitel 7).[233] Die jüdische Bevölkerung wurde jedenfalls immer stärker an den Rand der Gesellschaft gedrängt und entrechtet. Ihre Lage sollte sich nach der Besetzung Ungarns durch das Dritte Reich noch dramatisch verschlechtern.

Widerstand gegen den Krieg formierte sich im Rahmen des linken und liberalen politischen Spektrums, aber auch mit Unterstützung konservativer Parteien. Am 6. Oktober 1941 kam es zu einer pazifistischen Kundgebung in Budapest und bis zum Dezember hatte sich ein breites Spektrum pazifistischen und antifaschistischen Parteien zu einem Bündnis zusammengeschlossen, dem unter anderem die Kommunistische Partei, die Sozialdemokratische Partei und die Unabhängige Kleinlandwirtepartei (Független Kisgazdapárt) angehörten.[234] Bezeichnend bei den Aktionen (auch der linken Parteien) war eine stark nationalistische Sprache und Zielsetzung. So wurde die erste große Anti-Kriegs-Kundgebung am „Tag der Märtyrer von Arad"[235] veranstaltet und die zweite Kundgebung am 1. November am Grab von Lajos Kossuth.[236] Zu Weihnachten 1941 erschien eine historische Ausgabe der sozialdemokratischen Parteizeitung Népszava mit zahlreichen Gastbeiträgen von kommunistischen, sozialdemokratischen und auch konservativen Persönlichkeiten und Künstlern. Schließlich folgten am 15. März 1942 eine Kundgebung und eine Kranzniederlegung beim Denkmal von Sándor Petőfi, was von der Polizei dazu genutzt wurde, hunderte Linke festzunehmen und sie in Strafkompanien an die Ostfront, oder in Internierungslager zu schicken.[237] Aus Sicht der Regierung führte auch diese repressive Politik zu keinem Erfolg gegenüber der Opposition, die weiterhin Friedensverhandlungen mit den Alliierten forderte.

Die Kommunistische Partei verlor in dieser Zeit zahlreiche Mitglieder, konnte diesen Verlust aber verkraften, weiter aktiv bleiben und die von Stalin verkündete Politik der Volksfront gegen den Faschismus erfolgreich einsetzen. Die Selbstauflösung der Dritten Internationale wurde von der KP Ungarns mitgetragen. Die Partei wurde aufgelöst und eine neue Partei, mit dem Namen „Friedenspartei" gegründet. Vorsitzender dieser Partei wurde ein junger Arbeiter mit dem Namen János Csermanek, der später unter seinem Tarnnamen János Kádár Berühmtheit erlangen sollte.[238]

7. Besetzung, Holocaust und Pfeilkreuzlerterror

Friedensgespräche und Besetzung.

Bereits im Herbst 1941 wuchs der Unmut der Bevölkerung gegen den Krieg. Angesichts der revisionistischen Stimmung die herrschte, war nämlich die Aufmerksamkeit der Bevölkerung einzig auf die Rückgewinnung der ehemals- ungarischen Gebiete gerichtet. Wie dies durch eine Armee erreicht werden sollte, die tausende Kilometer weit im Osten kämpfte und fror, war für die Bevölkerung nicht ersichtlich. Die Unzufriedenheit im Land reichte aber nicht aus um bewaffneten Widerstand gegen das System aufkommen zu lassen. Die Regierung war bemüht, die Lebensmittelversorgung aufrecht erhalten zu können um Hungersnöte wie im Ersten Weltkrieg zu vermeiden.[239] Das zumindest formell offene politische System erlaubte darüber hinaus die Kanalisation von politischem Frust, was auch der Opposition gegen den Krieg erlaubte, zumindest teilweise in der Öffentlichkeit zu agieren.

Eine der führenden Persönlichkeiten dieser Opposition war der politische Führer der Unabhängigen Kleinlandwirtepartei (Független Kisgazdapárt - FKGP), der Schriftsteller, bekennende Rassentheoretiker und Antisemit, Bajcsy-Zsilinsky Endre. Bajcsy-Zsilinsky, dessen Wege sich mit (dem rechtsextremen Theoretiker) Gyula Gömbös öfter gekreuzt haben, träumte unter anderem von einem „Dritten Ungarn".[240] Obwohl man ihn schwer als Demokraten bezeichnen kann, war er nicht nur ein erklärter Gegner der Pfeilkreuzler und politisch gegen die Ermordung von Juden durch die ungarische Armee, sonder als einer der wenigen gegen die deutsche Besatzung aktiv. Es war jener Bajcsy-Zsilinsky, der im Juli 1943 den Ministerpräsidenten in einem Memorandum darum bat einen Sonderfrieden mit den Alliierten zu schließen.[241] Bis zu diesem Zeitpunkt hatte sich nämlich schon einiges an der Ostfront verändert und der sowjetische Vormarsch war voll im Gange.

Die Vernichtung der 2. ungarischen Armee am Don war das Stalingrad Ungarns. Außer fanatischen Nationalsozialisten wie Szálasi, glaubte niemand mehr an den Sieg der Achsenmächte und auch die politische Führung war auf der Suche nach Auswegen aus der sich abzeichnenden Niederlage. In den Jahren 1942/43 wurde daher mit den West-Alliierten Kontakt aufgenommen und geheime Friedensverhandlungen geführt. Dieser Prozess beschleunigte sich nach dem Sturz Mussolinis. Am 9. November 1943 schloss Ungarn einen geheimen Friedensvertrag mit den Westalliierten und erklärte sich bereit, die Exporte ins Dritte Reich zu drosseln, alle Truppen aus der UdSSR abzuziehen, alliierte Flugzeuge nicht zu beschießen und die Seite zu wechselnd sobald alliierte Truppen das Gebiet Ungarns erreichen.[242] Diese Abmachung galt jedoch nur für die britische, französische und polnische Armee, da die ungarische Regierung der UdSSR gegenüber unverändert feindlich gesinnt war und auch nicht von der Roten Armee „befreit" werden wollte. Im Gegenzug versprachen die Briten, dass Ungarn nicht in das sowjetische Einflussgebiet fallen wird.[243] Es gilt auch als Erfolg der Friedensverhandlungen mit Großbritannien, dass Ungarn vor der Besetzung durch die Wehrmacht nicht bombardiert wurde.[244]

Die deutsche Militärführung hatte sehr detaillierte Kenntnisse über die Friedensbemühungen der ungarischen Regierung und beschloss schließlich im Frühjahr 1944, Ungarn zu besetzen. Bei der Besetzung Ungarns spielten wirtschaftliche Fragen eine wichtige Rolle, weswegen es der Wehrmacht von höchster Stelle verboten wurde, sich in das ungarische Wirtschaftsleben einzumischen.[245] Das Dritte Reich importierte Getreide, Öl, Bauxit und Waffen (Teile) aus Ungarn. Es sollte auch nicht unerwähnt bleiben, dass die deutsche Regierung für die Importe nichts zahlte und allein bis 1942, Schulden in Höhe von 558 Millionen Pengö bei der ungarischen Regierung angehäuft hatte.[246] Die deutsche Führung hatte zeitweilig über den Einsatz von rumänischen, kroatischen und slowakischen Besatzungstruppen in Ungarn beraten, wollte schlussendlich aber die Kooperation der Bevölkerung erreichen und verzichtete daher auf dieses Mittel.[247] Erklärtes Ziel der deutschen Führung war darüber hinaus die Deportation aller alliierter Kriegsgefangenen und der jüdischen Bevölkerung.

Was die Besetzung Ungarns angeht, so wollte Hitler die ungarische Regierung durch eine rechtsextreme Marionettenregierung ersetzen und man war von deutscher Seite sogar auf bewaffneten Widerstand eingestellt. Bei einer Konferenz im März 1944 gelang es aber Hitler, Horthy in persönlichen Gesprächen von seinem Standpunkt zu überzeugen und diesen zur Kooperation zu bewegen. Horthy willigte in die Besetzung ein und gab den ungarischen Truppen den Befehl, die Wehrmacht freundlich zu empfangen und mit ihnen zu kooperieren.[248] Zum Ende der Gespräche, in denen die ungarische Staatsführung ihr Land ohne nennenswerten Widerstand an Hitler übergeben hatte, soll dieser seine Gäste sogar noch freundlich verabschiedet haben.

Ministerpräsident Kállay, der in Budapest geblieben war, erfuhr von der bevorstehenden Invasion und beriet sich daraufhin mit dem Generalstab bezüglich der Möglichkeiten von Widerstand. Der Generalstab jedoch, dessen überwiegende Mehrheit deutscher Abstammung war (21 aus 29 Generälen) und zu einem großen Teil aus Nazi – Sympathisanten, oder aus erklärten Nationalsozialisten bestand, weigerte sich gegen die Wehrmacht zu kämpfen.[249] Diese Weigerung zeigt deutlich, wie weit nationalsozialistische Kräfte die höchsten Ränge des ungarischen Staates unterwandert hatten und dass auch im Falle eines früher geplanten Seitenwechsels, die Armeeführung wohl nicht loyal gewesen wäre. Somit sah der Ministerpräsident keine Möglichkeit mehr für organisierten Widerstand gegen die Nazis und ließ die Besatzungstruppen ins Land. Neben einigen kleineren Sabotageaktionen, kam der einzige nennenswerte Widerstand gegen den deutschen Einmarsch vom Parlamentsabgeordneten Bajcsy-Zsilinsky Endre, der die Gestapo mit seinem Revolver empfing und sich mit den Besatzungstruppen einen Schusswechsel lieferte. Bajcsy-Zsilinsky wurde eingesperrt, kam aber bereits im Oktober wieder aus dem Gefängnis und betätigte sich danach auch noch als Organisator der Opposition. Er wurde schließlich am 22. November mit anderen Oppositionsführern beim Planen eines Volksaufstandes verhaftet, wegen Verschwörung verurteilt und am Abend des 24. Dezember 1944 von den Pfeilkreuzlern hingerichtet.[250]

Am 19. März 1944 wurde Ungarn durch das Dritte Reich besetzt. In den ersten Stunden der Besetzung wurden die wichtigsten Oppositionellen von der Gestapo verhaftet, unter anderem Parlamentarier, Flüchtlinge aus Deutschland, jüdische Industrielle, Flüchtlinge aus Polen, linke/liberale Politiker.[251] Insgesamt wurden in den ersten Tagen und Wochen rund 3000 Personen verhaftet und in Konzentrationslager nach Deutschland verschleppt.[252] Das Kabinett von Ministerpräsident Kállay dankte ab und Kállay selbst flüchtete in die türkische Botschaft. Diese verließ er erst wieder im November, wurde aber sofort von den Pfeilkreuzlern verhaftet und in diverse KZ (u.a Dachau und Mauthausen) verschleppt.[253] Er starb 1966 in New York.

Am 29. März wurden die Oppositionsparteien verboten und am 19. April ein neuer Oberkommandierender der Streitkräfte (Honvéd) eingesetzt. Die Pressefreiheit wurde weiter eingeschränkt und rund 120 Zeitschriften verboten, am schlimmsten hatte es aber die jüdische Minderheit, für die sich der Terror immer weiter verschärfte und die ab dem 31. März einen Judenstern tragen musste.[254]

Erste Vorboten des Holocaust

Heute ist in Ungarn die Meinung weit verbreitet, dass Admiral Horthy nicht nur kein Antisemit, sondern sogar ein „Freund der Juden" war.[255] Nach dieser Lesart soll es unter Horthys Herrschaft keine Pogrome gegeben haben und nur nach der Besetzung Ungarns durch die Wehrmacht zu Transporten in die Vernichtungslager gekommen sein. Auf der ungarischen Seite des online- Lexikons Wikipedia steht hierzu wörtlich: *Bis 1944 soll es in Ungarn, im Unterschied zu Rumänien, Jugoslawien und der Slowakei, zu keinen Pogromen und Gräueltaten (an Juden) gekommen sein.*[256] Die rechtsextreme Partei Jobbik, will sogar erkennen, dass es eine Freundschaft der ungarischen jüdischen Gemeinde zum Reichsverweser und eine bis heute andauernde Treue für ihre Rettung gibt. Als Grund steht im

Artikel mit dem Titel: „Ein dankbarer Jude bot ein weißes Pferd zu Horthy - Gedenkmarsch an", dass Horthy nach der Besetzung Ungarns durch die Nazis, das Pester Ghetto gerettet hätte.[257]

In Wahrheit gab es im Januar 1942 in Südungarn Pogrome mit tausenden Opfern und die ersten Transporte mit insgesamt 18 000 Juden gingen bereits im Sommer 1941 in die Ukraine, wo die meisten ermordet wurden. Nicht zu vergessen sind auch die unbewaffneten jüdischen Arbeitskommandos, die an der Front stationiert waren, und zu Tausenden erfroren, verhungerten, umgebracht wurden oder in Strafgefangenenlagern umkamen. Es stimmt zwar, dass die systematische Vernichtung der jüdischen Bevölkerung in Ungarn und im Ausland auf starken Widerstand stieß, dennoch wurde die Mehrheit der nach den Nürnberger Rassegesetzen als jüdisch geltenden Menschen, in den Jahren 1941 – 45 ermordet.

Der Weg für die Ermordung der ungarischen Juden, wurde wie in vielen anderen Staaten, auch in Ungarn durch die Entrechtung und schrittweise Ausgrenzung der jüdischen Minderheit aus der Gesellschaft bereitet. Als Anfang der Diskriminierung, kann das von Ministerpräsident Pál Teleki im Jahre 1920 beschlossene „numerus clausus" - Gesetz gesehen werden. Tragischerweise sahen die jüdischen Organisationen Ungarns das Gesetz nicht als jenen Präzedenzfall, als welcher er auch im Ausland wahrgenommen wurde und stellten sich bei einsetzender ausländischer Kritik, auf Seite der ungarischen Regierung. Sie wollten ihre unbedingte Treue zu Ungarn beweisen und vertrauten auf den Rechtsstaat, der sie vor Diskriminierung schützen sollte.[258]

Am 5. März 1935 hielt Ministerpräsident Kálmán Darányi eine bedeutende Rede in Győr, bei welcher er die Militarisierung Ungarns ankündigte, gleichzeitig die "Lösung der Judenfrage" zum Programm machte und versprach die Rolle der Juden in Wirtschaft und Kultur zu beschränken.[259] Kurz darauf wurde das so genannte „Erste Judengesetz" beschlossen, dem in den kommenden Jahren noch zwei folgen sollten. Mit jedem dieser Gesetze wurde die jüdische Bevölkerung weiter aus dem Arbeitsleben und aus der Gesellschaft gedrängt.

Der Vernichtung der wirtschaftlichen Existenz folgte, wie fast überall in Europa, die physische Vernichtung der jüdischen Bevölkerung. Angefangen wurde mit knapp 18.000 Juden ohne Staatsbürgerschaft, die meist in Folge des Krieges nach Ungarn geflohen waren. Zwei Mitarbeiter des Büros für die „Zentrale Landesbehörde für die Überwachung von Ausländern" KEOKH, ergriffen die „Initiative", setzten sich mit dem zuständigen Innenminister in Verbindung und empfahlen die Ausweisung aller Juden ohne ungarische Staatsbürgerschaft aus der Karpatenukraine nach Galizien.[260] Es ist umstritten, ob die ungarische Regierung zu dieser Zeit bereits von den Massenmorden der „Einsatzgruppen" wusste oder nicht. Jedenfalls ist auch die gewaltsame Vertreibung von tausenden Menschen ein schweres Verbrechen. Ein einziges Kabinettsmitglied stimmte gegen die Gesetzesinitiative, der auch Miklós Horthy zustimmte.

Man begann damit nicht nur aus der Karpatenukraine, sondern aus ganz Ungarn, Juden ohne Staatsbürgerschaft (oder mit Doppelstaatsbürgerschaft) ausfindig zu machen und an die deutschen Behörden zu übergeben. Oftmals wurden aber auch jüdische Familien, die ausschließlich über die ungarische Staatsbürgerschaft verfügten, jedoch jemandem missfielen, verhaftet und in die Ukraine geschickt. Bis zum 10. August 1941 wurden ca. 14 000 Juden an die Nazis übergeben, und bis Ende August noch einmal circa 4000.[261] Die meisten ließen sich in der Stadt Kamenez Podolski nieder, wo es bereits eine große jüdische Gemeinde gab. Da die SS nicht mit so einer großen Menge von jüdischen Flüchtlingen rechnete, bat sie zuerst einmal um eine Einstellung der Deportationen und der Rücknahme der Deportierten. Dazu war Ungarn jedoch nicht bereit. Schließlich wurden am 27.-28. August ein Großteil der anwesenden Juden auf Märschen aus der Stadt geführt und bei großen Bombentrichtern gezwungen sich auszuziehen, bevor sie mit Maschinengewehren umgebracht wurden.[262] Es war der bis dahin erste Massenmord dieser Art im Zweiten Weltkrieg. Laut Bericht des für das Massaker verantwortlichen SS Polizeiführer Jeckeln, lag die Opferzahl bei 23 600 Personen, darunter ungefähr 16 000 – 18 000 ungarischen Juden.[263] Bis heute ist es umstritten, ob an diesem Massaker auch ungarische Einheiten beteiligt waren oder nicht.

Als jüdische Organisationen dem ungarischen Innenminister Keresztes - Fischer von den Ereignissen in der Ukraine berichteten, befahl er den sofortigen Stopp der Abschiebungen und ließ auch die bereits fahrenden Züge von der Grenze zurückkehren.[264]

Die zweiten großen Massenmorde vor Beginn der großen Transporte des Jahres 1944 fanden im Jänner 1942 im damaligen Südungarn (in der Batschka) statt. Dieses Gebiet, welches nach der Aufteilung Jugoslawiens an Ungarn gekommen ist, war von zahlreichen Sabotageaktionen jugoslawischer Partisanen betroffen. Zur „Partisanenbekämpfung", wurden mit Genehmigung der Regierung und des Reichsverwesers, Ende Jänner Verstärkungen in das Gebiet geschickt. In mehreren Ortschaften, unter anderem in der Kleinstadt Zsablya (Žabalj) kam es dabei Anfang Jänner zu Massakern an der Zivilbevölkerung. In der Gemeinde Csurog (Čurug) wurden hunderte Zivilisten umgebracht, indem sie Großteils in der gefrorenen Theiß ertränkt wurden.[265] Danach richtete sich die Aufmerksamkeit der Armee auf die Stadt Novi Sad (Neusatz/Ujvidék). Am Morgen des 21. Jänner 1941 wurde mit der systematischen Durchsuchung der Häuser und Wohnungen begonnen.[266] Dies war der Auftakt zu Massenerschießungen und Pogromen an der serbischen und jüdischen Bevölkerung. Auch hier wurden Menschen in der eiskalten Donau ertränkt.

Diese Aktionen forderten bis zum 30. Jänner mindestens 3309 Opfer.[267] Ermordet wurden die Menschen durch Massenerschießungen, Folter, durch Erfrieren bei ca. – 30°, oder durch Ertränken in der mit Eis bedeckten Donau/Theiß. Beim Morden wurde kein Unterschied zwischen Geschlecht und Alter gemacht, sodass auch 141 Kleinkinder und 299 Frauen und ältere Männer ermordet wurden.[268] Verantwortlich für den Massenmord war der Kommandant der in Szeged stationierten fünften Armee, Ferenc Feketehalmy - Czeydner, ein fanatischer Nationalsozialist, der später noch in der SS und schließlich bei den Pfeilkreuzlern Karriere machen sollte.

Als sich die Kunde von diesen Verbrechen in Budapest verbreitete, war die Empörung in der Bevölkerung groß und mehrere Parlamentarier forderten eine Untersuchung der Vorkommnisse. Federführend bei den Protesten gegen die Massenmorde in der Batschka war, wie auch schon bei den Protesten gegen die Ermordung der in die Ukraine abgeschobenen Juden, der Parlamentarier und Oppositionspolitiker Endre Bajcsy - Zsilinsky. Ihm und seinen Mitkämpfern wurde von den Rechten „Nestbeschmutzung" vorgeworfen und weder die Regierung von Ministerpräsident Bárdossy noch die Militärführung hatte ein ernsthaftes Interesse an einer Untersuchung der Morde oder an einem Strafverfahren gegen Feketehalmy - Czeydner. Erst die im März angelobte neue Regierung unter Ministerpräsident Kállay verordnete eine genaue Untersuchung der Morde und gestand schließlich unentschuldbare Gräuel ein. Feketehalmy - Czeydner und andere an den Massakern federführende Gendarmen und Soldaten wurden im Dezember 1943 angeklagt. Feketehalmy - Czeydner wurde zu 15 Jahren Gefängnis verurteilt, setzte sich jedoch zusammen mit vier weiteren Verurteilten nach Wien ab, wo er bis zu seiner Rückkehr im Herbst 1944 Asyl fand.[269]

Auch wenn die Verurteilten ihre Strafen niemals absitzen mussten, war ein Verfahren gegen hochrangige Militärs, wegen Morden an jüdischen und serbischen Zivilisten, mitten im Zweiten Weltkrieg, sicher mutig und außergewöhnlich. Dennoch bleibt auch die Frage zu stellen ob und inwieweit diese Verfahren, wie auch das spätere Stoppen der Transporte durch Horthy, nicht nur Versuche waren angesichts des verlorenen Krieges einen besseren Eindruck auf die Alliierten zu machen. Dies wird in der Fachliteratur immer sehr unterschiedlich bewertet.

Arbeitsdienst

Neben den offensichtlichen Morden und Pogromen an der jüdischen Bevölkerung, wurden während des Zweiten Weltkrieges auch im Rahmen des so genannten „Arbeitsdienstes" tausende Menschen ermordet. Durch die antisemitische Grundstimmung und die in diesem Geiste erlassenen Gesetze war es den jüdischen Männern nicht möglich bewaffnet in der ungarischen Armee zu dienen. Dies galt auch für politische Oppositionelle und all jene, die im herrschenden System als nicht zuverlässig galten.[270] Da man auf ihre Arbeitskraft aber nicht verzichten wollte, wurden sie in unbewaffnete Einheiten des so genannten „Arbeitsdienstes" eingeteilt und als Hilfsarbeiter an die Front geschickt. Dort mussten sie militärische Hilfsdienste verrichten, wie das Ausheben von Schützengräben, das Errichten von Panzersperren aber auch in Industrie und Landwirtschaft arbeiten. Was zu Beginn des Krieges noch schwere Arbeit, aber mit der Tätigkeit eines regulären Soldaten vergleichbar war, wurde im Laufe des Krieges immer mehr zur schweren Zwangsarbeit. Mit dem Fortschreiten des Krieges und der immer schlechteren militärischen Lage wurde die Situation der Arbeitsdienstleistenden auch immer schlimmer. Dies zeigte sich zum Beispiel an der immer schlechteren Ausrüstung und Bekleidung. Auch mussten jüdische Arbeitsdienstleistende schon zwei Jahre vor der deutschen Besetzung, eine Armschleife mit einem gelben Stern tragen.[271]

Ironischerweise besserte sich ausgerechnet in der Zeit der deutschen Besatzung (bis zur Machtergreifung der Pfeilkreuzler), die Lage der Arbeitsdienstleistenden. Im Verteidigungsministerium hatten nämlich anscheinend einige Offiziere erkannt, dass die Deportation der Juden zu deren Ermordung führt und wollten das nicht mittragen. Sie boten innerhalb des Arbeitsdienstes zehntausenden Verfolgten einen Schutz vor Deportationen und verbesserten sogar teilweise die Versorgungssituation.[272]

Nach der Machtübernahme der Pfeilkreuzler änderte sich die Lage wieder und der Arbeitsdienst wurde zur brutalen Zwangsarbeit in Minen, oder beim Bauen von Schützengräben vor Budapest und Wien. Beim Heranrücken der Roten Armee wurden aus den Zügen des Arbeitsdienstes Todesmärsche denen Tausende zum Opfer fielen. Jene die an die deutsch (österreichisch)-ungarische Grenze versetzt wurden, fielen der Mordlust der SS zu Tausenden zum Opfer, andere wurden in Konzentrationslager wie Mauthausen verschleppt.[273]

Das wohl bekannteste Opfer der Todesmärsche war Miklós Radnóti, der zu den bedeutendsten ungarischen Dichtern des 20. Jahrhunderts gezählt wird. Der 1909 geborene linke Intellektuelle hatte schon mehrere Arbeitsdienste absolviert, als er im Mai 1944 erneut einberufen wurde und schließlich im Lager Bor in Serbien landete. Auf Flucht vor den Alliierten wurde er am 3. November 1944 auf einen Todesmarsch in der Nähe von Győr, unweit der deutschen (österreichischen) Grenze mit 21 Mitgefangenen erschossen. Das von ihm geführte Tagebuch und Gedichtband wurde bei seiner Exhumierung zwei Jahre später gefunden und ist ein erschütterndes Zeugnis der Grausamkeiten, die er erleben musste. Sein letztes Gedicht ist in Ungarn sehr bekannt:[274]

Mellézuhantam, átfordult a teste s feszes volt már, mint húr, ha pattan. Tarkólövés. - Így végzed hát te is, - súgtam magamnak, - csak feküdj nyugodtan. Halált virágzik most a türelem. - Der springt noch auf, - hangzott fölöttem. Sárral kevert vér száradt fülemen. Szentirályszabadja, 1944 október 31.	Er, neben dem ich hingestürzt lag, war schon verrenkt, verspannt, wie Saiten springen. Genickschuss. – Also, - raunte ich mir zu,- nur still, gleich sollst auch du's zu Ende brin- gen. Geduld bringt jetzt die Rose Tod hervor.- „Der springt noch auf", - scholl's über mich hin. Mir klebte Dreck verschmiert mit Blut am Ohr. Szentirályszabadja, 31. Oktober 1944

Radnóti und sein Schicksal bieten eine gute Gelegenheit, um sich über den heutigen Geschichtsrevisionismus in Ungarn ein Bild zu machen. Hierfür ist die Beschreibung seiner Ermordung in der ungarischen Online- Enzyklopädie Wikipedia, bezeichnend.

Als Vergleich sollen die englischsprachigen und deutschsprachigen Wikipedia - Einträge dienen.

Folgendes schreibt die englische Seite über den Tod des Dichters:

„According to witnesses, in early November 1944, Radnóti was severely beaten by a drunken militiaman who had been tormenting him for "scribbling". Too weak to continue, he was shot into a mass grave near the village of Abda in northwestern Hungary.[275]"

Folgendes schreibt die deutschsprachige Seite:

"Als Titos Truppen vorrückten, wurde er mit mehreren tausend jüdischen Zwangsarbeitern in Gewaltmärschen quer durch Ungarn zur österreichischen Grenze getrieben. Wie viele seiner Mitgefangenen war er den Strapazen dieses Gewaltmarsches nicht mehr gewachsen und wurde nach seinem Zusammenbruch mit 21 seiner Mitgefangenen bei Abda, nahe der österreichischen Grenze, erschossen.[276]"

Folgendes schreibt das ungarische Onlinelexikon über die Ereignisse:

„Den zum Gehen nicht mehr fähigen Dichter, wies man ins Györer Krankenhaus. Die Alliierten unterzogen die Stadt gerade einem Flächenbombardement, sodass es sehr viele Schwerverletzte und Tote unter den Trümmern gab. Deswegen konnte das Krankenhaus ihn nicht empfangen und schickte ihn weg.

Schließlich erschoss am 4. November 1944, in der Grenzregion der Gemeinde Abda ein aus fünf Personen bestehendes Erschießungskommando unter Wachtmeister András Tálas auf Befehl des Honvéd-Oberstleutnant Ede Marányi, den äußerst erschöpften Miklós Radnóti mit 21 seiner Gefährten.[277]"

Die zu diesem Absatz angegebene Quellenangebe führt uns darüber hinaus nicht zu einem Artikel über Radnóti, sondern zu einem Artikel wo es um die unbekannten Begräbnisstätten, der nach dem Krieg hingerichteten nationalsozialistischen Führungspersönlichkeiten geht[278].

Holocaust

Nach der Besetzung Ungarns im März 1944, begannen die Vorbereitungen für die Vernichtung der ungarischen Juden. Die aus prominenten rechtsextremen Politikern bestehende neue Regierung machte schon am 29. März auf ihrer ersten Sitzung klar, dass sie den Forderungen der deutschen Besatzer in der „Judenfrage" sehr gerne nachkommen möchte. Innerhalb kürzester Zeit wurden in fast allen Berufen Beschäftigungsverbote erlassen und das Tragen des gelben Sterns verfügt. Gleichzeitig wurde eine große antisemitische Medienkampagne gestartet, welche die Bevölkerung dazu aufrief, sich aktiv an der Ausgrenzung und Verfolgung der jüdischen Minderheit zu beteiligen.[279] Im Folgenden wurde die jüdische Stadtbevölkerung in Ghettos und die jüdische Landbevölkerung in Anhaltlager getrieben, von wo es ein Leichtes war, die Menschen zu deportieren.

Während die Bevölkerung auf die Vernichtung der Juden eingeschworen wurde, arbeiteten Juristen und Politiker an den gesetzlichen Rahmenbedingungen für Ghettoisierung und Abtransport der jüdischen Bevölkerung.[280] Adolf Eichmann beaufsichtigte mit speziellen „Sonderkommandos" diese Aufgabe persönlich, hatte für diese Aufgabe aber nur rund 150-200 Mitarbeiter zur Verfügung.[281] Es waren zu Beginn der deutschen Besatzung aber noch offiziell 762 007[282] ungarische Staatsbürger im Land, die laut „Nürnberger Rassegesetzen" als Juden galten. Daher wurde in enger Zusammenarbeit mit der ungarischen Regierung, die ungarische Gendarmerie zum Zusammenzutreiben und Abtransportieren dieser Menschen eingesetzt.[283] Die ersten Transporte in die Vernichtungslager verließen Ungarn am 15. Mai 1944, beginnend vom Nordosten des Landes. Wie wichtig den Nazis die Vernichtung der ungarischen Juden war zeigte sich daran, dass täglich rund 10 000 Menschen abtransportiert wurden und das in einer Phase des Krieges wo diese Bahnkapazitäten sicher dringend gebraucht wurden.

Bis zum 7. Juni 1944 wurden bereits mehr als 300 000 Menschen in die Vernichtungslager transportiert, als sich Horthy wegen der starken ungarischen und internationalen Kritik zum ersten Mal zu diesem Thema äußerte. Großbritannien, die USA, Schweden, der Vatikan und die vereinigte ungarische Opposition übten starken Druck auf die ungarische Regierung aus und betonten, dass der Umgang Ungarns mit der jüdischen Minderheit einen Einfluss auf den Umgang mit Ungarn nach dem Krieg haben werde. Die militärische Lage im Sommer 1944 war trist, die Rote Armee konnte in der Ukraine große Fortschritte machen und die Westalliierten sind am 6. Juni in der Normandie gelandet. Als Horthy am 9. Juli, also einen Monat später den Befehl zum Anhalten der Deportationen gab, wurden laut Aussage des für Ungarn zuständigen „Reichsbevollmächtigten" Veesenmayer bereits 437 402 Menschen in die Vernichtungslager abtransportiert, von denen ungefähr 320 000 in Auschwitz und anderen Lagern ermordet wurden.[284]

Das Anhalten der Transporte durch Horthy ist eine Tatsache und wird nirgends bestritten. Warum er aber die Transporte anhalten ließ, und wie viele jüdische Budapester dadurch dem Tod entgingen ist umstritten. Generell wird davon ausgegangen, dass rund 200 000 Menschen durch diese Initiative den Transporten entgingen[285] und das ist wohl richtig. In vielen Werken wird aber angedeutet, dass damit 200 000 Budapester Juden den Krieg überlebt hätten und das ist falsch. Sogar im sonst akkuraten und auch in dieser Arbeit oft zitierten Buch, *Geschichte Ungarns*, von István Tóth György steht folgendes: *„Mit seinem [Horthys] Auftreten rettete er das Leben von etwa 200 000 Juden in Budapest."*[286] Laut der genauen Auflistung von Braham, haben im Winter 1945 noch 144 000 Juden in Budapest gewohnt.[287] In anderen Quellen ist sogar von nur rund 100 000 überlebenden Budapester Juden die Rede.[288]

Was die Motive Horthys angeht, wird neben einer aussichtslosen Lage an der Front und den diplomatischen Bemühungen/Drohungen von Roosevelt, des Papstes und des schwedischen Königs, in der Literatur auch von einer Sympathie des Reichsverwesers zu der jüdischen Bevölkerung gesprochen und immer wieder betont, dass die Deportationen gegen seinen Willen und ohne seine Genehmigung stattfanden.[289] Demgegenüber stehen einige Aussagen, unter anderem von Veesenmayer, wonach Horthy nach eigenen Aussagen nur am Schutz der Reichen, dem Regime freundlich gesinnten Budapester Juden, interessiert war. Was mit den anderen geschehe und wohin sie zur Arbeit deportiert werden, interessiere ihn nicht. Er schien auch die Deportationen mit seiner Regierung besprochen und genehmigt zu haben, bevor er sie verboten hat.[290] László Baky, einem der Organisatoren des ungarischen Holocaust gegenüber erwähnte Horthy ebenfalls seine Ablehnung gegenüber den „galizischen" Juden und Kommunisten, die „aus dem Land geschmissen gehören". Einige „gute ungarische" Familien sollten aber bleiben.[291]

Das Problem um die genauen Zahlen in Budapest, mag angesichts der vielen Opfer nebensächlich erscheinen, allerdings beruht ein Großteil der nationalistischen Mythenbildung um Miklós Horthy einerseits auf diesen angeblich 200 000 überlebenden Budapester Juden (Für deren Rettung sie ihm natürlich noch dankbar sind!) und andererseits auf den Versuch ihn als machtlose Marionette des Nationalsozialismus darzustellen, der die jüdische Bevölkerung schützen wollte. Eine weitere nationalistische Rechtfertigungsstrategie ist der Versuch, die alleinige Schuld für den Abtransport der jüdischen Bevölkerung den Besatzern anzulasten. Keine dieser drei Thesen hält den Beweisen stand!

Da Horthy nie offiziell von der Ermordung der jüdischen Bevölkerung gesprochen hat, bleibt natürlich die Frage offen, ob er im Jahre 1944 von der Vernichtungsmaschinerie wusste oder nicht. Jedenfalls wusste er von dem Schicksal der rund 18 000 ungarischen Juden, die schon drei Jahre vorher deportiert und ermordet wurden. Darüber hinaus war zu diesem Zeitpunkt zumindest den alliierten Staatschefs, sowie dem Papst, die Existenz der Gaskammern schon bekannt. Auch anhand von Flüchtlingsberichten aus Konzentrationslagern[292] hätte der „Reichsverweser" wissen müssen, was die Deportierten erwartete und es entspricht wohl nicht der Wahrheit, dass Horthy den Abtransport der Juden aus der ungarischen Provinz ehrlich bekämpft hätte. Daher stellt sich wohl weniger die Frage, ob er ¼ der jüdischen Bevölkerung Ungarns gerettet hat, sondern eher, warum er die Ermordung von ¾ der ungarischen Juden zuließ.

Pfeilkreuzlerterror

Am 24. August 1944 wechselte Horthy die Regierung aus und ersetze die Minister durch loyalere und weniger deutschfreundliche Personen. Nach dem Seitenwechsel Rumäniens hatte sich die Lage für Ungarn verschlimmert und nachdem die Rote Armee am 23. September das ungarische Staatsgebiet erreicht hatte, entschied sich die Regierung zu Gesprächen mit der Sowjetunion. Es wurde eine Delegation nach Moskau geschickt und am 11. Oktober ein Waffenstillstandsvertrag unterschrieben, in dem sich Ungarn zum Seitenwechsel bereiterklärte.[293] Als Horthy dies am 15. Oktober offiziell im Radio erklärte, hatte er im Unterschied zu den gut informierten Deutschen keine nennenswerten Vorkehrungen für den Seitenwechsel getroffen und überraschte damit die eigene Bevölkerung.[294] Die Wehrmacht besetzte sofort die strategisch wichtigen Positionen im Land, entführte den Sohn des Reichsverwesers und zwang ihn zuerst Ferenc Szálasi zum Ministerpräsidenten zu ernennen und dann zum Rücktritt. Er wurde mitsamt seiner Familie nach Deutschland gebracht und in einem Schloss festgesetzt.[295] Damit endete auch dem Namen nach, was praktisch schon 1918 geendet hatte, nämlich das Königreich Ungarn. Ihm folgte ein kurzlebiger faschistischer Staat.

Szálasi errichtete im noch nicht besetzten Teil Ungarns mit Hilfe seiner Pfeilkreuzler, einer Truppe von fanatischen Nationalsozialisten, eine Terrorherrschaft und konnte auch das Militär für sich gewinnen. Obwohl ein Großteil der zu diesem Zeitpunkt noch in Ungarn lebenden Juden durch diverse Institutionen wie das Rote Kreuz, die schwedische Botschaft, oder ihren Arbeitsdienst geschützt waren, richteten am Tag der Machtübernahme, Banden von meist jungen Pfeilkreuzlern mitten in Budapest unvorstellbare Gräueltaten an.[296] In den darauffolgenden Tagen dominierte ebenfalls der Terror der Straße, bis schließlich die Regierung dem ein Ende setzte. Sie fürchtete, dass durch die Randale, die gesamte Ordnung im Staat zusammenbrechen könnte.[297] Danach begann wieder die „ordentliche", also systematische Ermordung der jüdischen Bevölkerung. Tausende Juden wurden auf Todesmärschen nach Hegyeshalom getrieben, offiziell um Befestigungsanlagen zu bauen. Dort wurden sie meist den deutschen Truppen übergeben. Andere wurden in der „Kriegswichtigen Industrie" verheizt. Das Deutsche Reich wollte am liebsten alle ungarischen Juden abtransportieren und vernichten, dem wirkte aber die zu diesem Zeitpunkt alarmierte Internationale Öffentlichkeit entgegen, welche die ungarische Regierung in dieser Frage stark unter Druck setzte. Schließlich wurden die überlebenden Budapester Juden ghettoisiert, was dem Terror der Pfeilkreuzler aber kein Ende bereitete.

Die Rote Armee rückte schnell näher und die Pfeilkreuzler richteten sich auf die Verteidigung Budapests ein. Zu Weihnachten 1944 war der Belagerungsring um Budapest geschlossen und es begann eine zweimonatige Schlacht um die Stadt. Ein Angebot der Roten Armee, die Stadt gewaltlos zu übergeben, wurde ausgeschlagen und es begann eine brutale Schlacht, die oft Haus um Haus geführt wurde.[298] In diesen Wochen entfesselte sich der absolute Terror der Pfeilkreuzler. Trupps zogen im Ghetto von Haus zu Haus um die jüdischen Einwohner zu berauben, zu misshandeln und zu ermorden. Die Methode bei der Ermordung bestand darin, die Opfer zur Donau zu treiben, sie in Gruppen zu dritt zusammenzubinden und den mittleren zu erschießen, der daraufhin die anderen zwei ins Wasser hinunterzog. Besondere Grausamkeit soll der Trupp des katholischen Pfarrers Andreas Kún bewiesen haben.[299] Erst am 13. Februar 1945 wurden die Kämpfe im weitgehend zerstörten Budapest eingestellt.[300] Ende März 1945 verließ Szálasi mit vielen ungarischen Kunstschätzen das Land. Bei den Kunstschätzen dauerte es teilweise Jahrzehnte bis sie zurückgekehrt sind (so zum Beispiel die Stephanskrone), Szálasi wurde aber schon 1945 an Ungarn ausgeliefert und 1946 wegen seiner Verbrechen hingerichtet.

Insgesamt wird in Ungarn, einschließlich der bei Kriegshandlungen umgekommenen, von insgesamt 550 000 jüdischen Opfern des Zweiten Weltkrieges ausgegangen.[301] Es überlebten ungefähr 255 000 ungarische Juden den Zweiten

Weltkrieg.[302] Insgesamt wird davon ausgegangen, dass der Zweite Weltkrieg in Ungarn 900 000 Opfer forderte, was ca. 6,2% der Bevölkerung Ungarns mit der Staatsfläche von 1944 ausmacht.[303]

8. Exil und Anpassung

Neue Verhätnisse

Noch bevor Budapest befreit war, begann hinter den Frontlinien bereits die Neuorganisierung des Staates. Politische Parteien wurden (neu) gegründet und offiziell wurden Vorbereitungen für die Errichtung eines bürgerlich-demokratischen Staates getroffen. Die provisorische Nationalversammlung bildete sich bereits am 21. Dezember 1944 in Debrecen und schon dort zeigten sich die Anzeichen einer Dominanz der kommunistischen Partei.[304] Stärkste Partei bei den Wahlen am 4. November 1945 wurde dennoch die Unabhängige Partei der Kleinlandwirte, mit 57% der Stimmen, darauf folgten die kommunistische Partei und die Sozialdemokratie mit je 17% und die Nationale Bauernpartei mit 7% der Stimmen.[305] Kommunistische Politiker dominierten bereits zu dieser Zeit die Politik und vor allem die Polizei des Landes.

Im Jahre 1948 konnte die Kommunistische Partei Ungarns, nach Zerschlagung der Kleinlandwirte-Partei und nach Vereinigung mit der Sozialdemokratischen Partei, zur „Partei der Ungarischen Werktätigen" (Magyar Dolgozók Pártja - MDP), offiziell die Macht übernehmen und unter Mátyás Rákosi ein stalinistisches Terrorregime errichten. Diese bis 1953 dauernde Diktatur, war geprägt von Willkürherrschaft, Personenkult, Zwangs - Industrialisierung/ Kollektivierung und Terror gegen angebliche „Kulaken und Klassenfeinde".[306] Die zeitgleich stattfindenden internen Säuberungen führten zu tausenden Verhaftungen, Verbannungen, Schauprozessen und Toten aus den Reihen der ehemaligen sozialdemokratischen und kommunistischen Partei. Rákosi wollte ganz im Stile Stalins, eine absolute und alleinige Herrschaft errichten und entledigte sich auf diese Weise seiner größten Rivalen[307].

Nach dem Tode Stalins, wehte aber in der UdSSR der Wind der Veränderung und dies hatte auch Auswirkungen auf Ungarn. In Moskau war man sich der tiefen Abneigung der ungarischen Bevölkerung gegenüber Rákosi bewusst und fürchtete schlimme Folgen. Rákosi wurde zu einem Teilrückzug gezwungen und jener Imre Nagy wurde zum Ministerpräsidenten ernannt, der später zur Leitfigur der Revolution von 1956 werden sollte.[308] Es folgten drei Jahre interner Machtkampf und je nach Machtverhältnissen, offenere oder restriktivere Politik, bis Rákosi wieder die Oberhand gewann und Nagy absetzen konnte. Die Willkürherrschaft war dennoch größtenteils vorbei und es begannen auch schon die Rehabilitierungen der ersten politischen Gefangenen. Rákosi wurde schließlich im Sommer 1956 vom Zentralkomitee der MDP „auf eigenen Wunsch" seines Amtes als erster Sekretär enthoben und ging in die Sowjetunion.[309] Er kehrte nie wieder zurück.

Was den innerparteilichen Kampf der ungarischen Linken angeht, konnte ein Großteil der rechten Politiker diesen nur aus dem Ausland mitverfolgen. Das Ende des Zweiten Weltkrieges hatte für das nationalistische Lager in der ungarischen Politik nämlich weitreichende Folgen. Aus Angst vor der Roten Armee, floh die Mehrheit der Systemerhalter der Szálasi- und Horthy- Ära, 1944/45 aus Ungarn und mit sich trugen sie vieles, was beweglich und von Wert war. Egal ob Kunstschätze (wie die Stephanskrone), Krankenhauseinrichtungen oder schwere Maschinen.[310] Die Flüchtlinge und Vertriebenen organisierten sich im Exil und konnten oft bis zum Jahre 1989 nicht mehr nach Ungarn zurückkehren (was im Falle von vielen bedeutete, dass sie niemals wieder nach Ungarn zurückkehrten).

Seit Ende des Krieges (und spätestens seit der stalinistischen Machtübernahme), bis zur Wende, war die ungarische Rechte in drei Teile gespalten. Ein Teil lebte im Exil und führte dort seine Politik weiter. Ein Teil blieb in Ungarn und bildete den Kern der lokalen Widerstandsbewegung gegen die kommunistische Hegemonie. Ein weiterer Teil arrangierte sich mit dem System und integrierte sich in Partei und Gesellschaft. Alle drei Bewegungen müssen separat betrachtet werden um ein komplettes Bild der ungarischen Rechten in der zweiten Hälfte des 20. Jahrhunderts zu bekommen.

Der „Hungarismus" im Exil – die ersten Jahre

Der überwiegende Großteil der rund 150 000 ungarischen Flüchtlinge vor 1956 verteilte sich auf 6 Staaten: USA, Kanada, Australien, BRD, Österreich und Argentinien.[311] Die im (westlichen) Ausland lebenden Ungarn können weder heute, noch damals, als einheitliche homogene Gruppe verstanden werden. Es kann aber davon ausgegangen werden, dass eine große Anzahl, der im Jahre 1945 in den Westen geflüchteten Ungarn zu den Anhängern Horthys oder der Pfeilkreuzler gehörten. Besonders interessant sind aufgrund ihrer straffen Organisierung, globalen Verteilung und langen Existenz die Pfeilkreuzler, die sich im Ausland meist als „Hungaristen" bezeichneten. Bereits Ende der 1940er Jahre verfügten sie über ein straff organisiertes Netzwerk und stellten sich aus dem Ausland in den Dienst des „antibolschewistischen Kampfes". Die Zeitung „Út és Cél" (Weg und Ziel), gilt als eines der wichtigsten Sprachrohre und Propagandainstrumente dieser Gruppierungen. Die Zeitung tauchte zum ersten Mal im Frühjahr 1949 in Süddeutschland und Österreich auf und erschien in dieser Form bis zum Tode des Herausgebers Béla Kántor im Jahre 1999.[312]

In den 1940 -er und 1950 -er Jahren waren die im Exil lebenden „Hungaristen" darum bemüht einerseits eine Abgrenzung zum National-sozialismus zu schaffen und andererseits Szálasi zu huldigen. Der Historiker Tibor Tóth sammelte bei seiner Analyse der rechtsextremen Exil-Literatur, 10 Aussagen, die den Pfeilkreuzlern als Argumentationsgrundlage zur Abgrenzung von den Nazis dienten. Durch das Aufzeigen der Unterschiede zum Nationalsozialismus, hofften sie mehr Einfluss auf die diversen exilungarischen Vereinigungen, wie den „Kameradschaftsbund ungarischer Kämpfer" (Magyar Harcosok Bajtársi Közössége – MHBK) zu gewinnen. Folgende 10 Punkte lassen auch Rückschlüsse auf die Gedankenwelt der Verfasser zu:[313]

1. Sollte das Land von der bolschewistischen Unterdrückung befreit werden, muss es nicht nur von Bolschewiken, sondern auch von „Horthysten" gesäubert werden. Im Unterschied zu Deutschland, wo es nur von den Nazis gesäubert werden muss
2. Es war fast schon Pflicht der NSDAP beizutreten, nicht so der Pfeilkreuzlerpartei
3. Für Hitler galt der Titel des Führers auch in Friedenszeiten, für Szálasi nur im Krieg. Er soll den Titel des Führers (der Nation) nur im altrömischen Sinn, das bedeutet als Diktator für begrenzte Zeit angenommen haben
4. Die „Rassenfrage" und das Auftreten gegen die Juden wurden nicht so gehandhabt wie von den Nazis. (Sie bezeichneten sich selbst als „Asemitisch")
5. Es gab keine ungarische SS - erst am 16. Oktober (1944) wurde damit begonnen ungarische SS Einheiten aufzustellen
6. Die Politik der Nazis war imperialistisch, jene der Pfeilkreuzler bloß antibolschewistisch.
7. Der Hungarismus hat an keinen direkten Kriegshandlungen gegen westliche Demokratien teilgenommen
8. Vom Hungarismus ist keine Aggression ausgegangen
9. Die NSDAP war antiklerikal, die Hungaristen nicht
10. Die Nazis sind antimonarchistisch, die Hungaristen glauben an die Monarchie und an die Lehre der heiligen Krone

Der Großteil dieser Punkte dient in der ungarischen rechtsextremen Szene bis heute als Argumentationsgrundlage um die ungarische Mitschuld an Krieg und Holocaust zu bestreiten.

Neben der Leugnung ihrer Verbrechen, widmeten sich die Hungaristen auch der fast schon messianischen Verehrung ihres „Führers" und dem Gedenken an sein „Martyrium". Seitenlange Artikel über die letzten Momente von Szálasi und seiner engsten Weggefährten füllen die Zeitungen der im Exil lebenden Hungaristen. Vor allem die Märzausgaben sind voll mit Kondolenznachrichten und Einladungen zu Gedenkmessen auf der ganzen Welt.[314] Erinnert wird an die

Exekution Szálasis am 12. März 1946. Mit klaren Worten werden die Schuldigen für diese Tat benannt, was in einem auf Deutsch verfassten Artikel aus dem Jahre 1967 folgendermaßen klingt: *„Das Gedränge im Gefängnis auf den Gängen, wurde* immer *grösser. Aus unserem Fenster konnten wir es sehen; - nach und nach tauchten auf die blutgierigen, schadenfrohen jüdisch-marxistischen Gestalten. Es war für sie der gewaltiger (sic!) Tag: Heute wird von den Gojimen der Bester getötet, und der Mord geht von Ihnen aus, so wie es vom Talmud vorgeschrieben ist. Die schmutzige Flut drängte sich draussen im Hof, wo die vier Galgen gezimmert wurden. Es waren heute die Hingerichteten zu Vier, an diesen Nachmittag am 12. März. Es waren nach der Reihe nach die Märtyrer: Josef Gera, Károly Beregfi, Gábor Vajna und Ferenc Szálasi [sic!].*[315]

Im Exil war die praktische politische Arbeit von herausragender Bedeutung für die hungaristische Bewegung. Die Hungaristen rechneten mit einer baldigen Rückkehr nach Ungarn und wollten sich für diesen Moment vorbereiten. Ein wichtiger Schritt in diese Richtung war Anfang der 1950er Jahre[316] die Aufstellung einer „Hungaristischen Legion" (Hungarista Légió) als militärische Eingreiftruppe. Besonders in Australien und Kanada konnten viele rechtsextreme Flüchtlinge für diese „Legion" angeworben werden. Diese Staaten wurden in den folgenden Jahren auch immer wichtiger für die rechtsextreme Emigration. In Australien konnten unter dem Deckmantel des „Antikommunismus" und teilweise in enger Zusammenarbeit mit geflüchteten Nationalsozialisten, starke Strukturen aufgebaut werden, die auch bei der später verstärkt einsetzenden Suche nach Kriegsverbrechern sehr erfolgreich waren (aus Sicht der versteckten Verbrecher).[317]

Ein weiteres Tätigkeitsfeld der im Exil lebenden hungaristischen Bewegung war die Spionage. Gleich nach dem Krieg wurde in Graz eine Organisation mit dem Namen „Vereinigung christlicher Ungarn" (Keresztény Magyarok Egyesülete) gegründet, die vor allem mit der Informationsbeschaffung beschäftigt war. Diese Informationen wurden schließlich an westliche Geheimdienste weitergegeben, oder verkauft.[318]

Nicht erfolgreich war die Legion beim Erreichen ihrer eigentlichen Ziele, nämlich der Unterstützung eines bewaffneten Umsturzes in Ungarn. Die Revolution von 1956 überrasche nicht nur die Ungarn und Sowjets, sondern auch die Exilgemeinde. So musste die „Hungaristische Legion" darauf verzichten den „Heldentod" im Kampf gegen die Soldaten des Warschauer Paktes zu finden.[319] Sie blieben vielmehr wo sie waren und versuchten ihre Reihen mit den Flüchtlingen zu füllen.

Die ungarische Rechte nach dem Krieg

Eine der wichtigsten Persönlichkeiten der ungarischen Rechten nach dem Zweiten Weltkrieg war der Erzbischof von Esztergom - József Mindszenty, der ab 1945 als Leitfigur des bürgerlich-christlichen Lagers fungierte. Er war eine Persönlichkeit der alten Regime, die sich allerdings nicht diskreditiert hatte und offen gegen den Krieg und die Vernichtungspolitik Horthys und Szálasis aufgetreten war. Der Erzbischof verstand sich als Vertreter der „alten Ordnung" und trat offen für die Beibehaltung der Monarchie, einer christlichen Bildungspolitik, sowie für eine „evolutionäre" Entwicklung in der ungarischen Gesellschaft ein.[320] Mindszenty schaffte es von 1945 bis 1948 eine starke Opposition gegen die Regierung aufzubauen, wobei seine Hauptkampflinie der wachsende Einfluss des Staates auf das Schulsystem im Allgemeinen und die kirchlichen Bildungseinrichtungen im Besonderen, war.[321]

Bei jedem seiner Auftritte erwarteten ihn tausende Gläubige und zu einer Prozession am 20. August 1947, konnten sogar knapp 500 000 Menschen mobilisiert werden.[322] Er schaffte es die diversen Pläne der Regierung, wie zum Beispiel die Abschaffung des obligatorischen Religionsunterrichtes, zu verzögern. Seine Beliebtheit, sein radikaler Antikommunismus, seine Erfolge und sein Irredentismus machten ihn bei der neuen Obrigkeit schnell zum Feindbild. Als es schließlich im Sommer 1948 zu einer Kampagne mit dem Ziel der Verstaatlichung aller kirchlichen Schulen kam, stellte sich Mindszenty dagegen. Er konnte zwar nicht die Verstaatlichung von ca. 3000 katholischen Bildungseinrichtungen verhindern (insgesamt wurden 6500 Bildungseinrichtungen verstaatlicht),[323] schaffte es aber, einen Teil der Lehrkräfte, zu einer Arbeitsniederlegung zu motivieren (von 18 000 Lehrern, weigerten sich 5000, hauptsächlich Nonnen und Mönche).

Die Regierung versuchte ihn mit aller Macht absetzen zu lassen, oder zum Rücktritt zu bewegen. Als dies nicht gelang wurde er schließlich am 26. Dezember 1948 verhaftet und wegen „staatsfeindlicher Tätigkeit" und Spionage zu lebenslanger Haft verurteilt.[324] Bei der Revolution im Jahre 1956 wurde er befreit und konnte für eine kurze Zeit wieder seine Freiheit genießen, bevor er bei Anrücken der Roten Armee in die US Botschaft flüchtete, dort bis 1971 blieb und anschließend in den Westen flüchtete.

Abgesehen von Mindszenty, gab es schon seit Ende der 1940er Jahren kaum mehr jemanden, der von „außen" Fundamentalopposition gegen die Regierung und das stalinistische System leistete. Innerhalb der Einheitspartei gab es jedoch zahlreichen Widerstand gegen den stalinistischen Führungsstil von Mátyás Rákosi. Dieser tat es aber seinem großen Vorbild gleich, ließ alle Kritiker und vermeintliche Kritiker einsperren und viele von ihnen umbringen. Das prominenteste Opfer des Geheimdienstes ÁVH (Államvédelmi Hatóság) im Rahmen der stalinistischen Schauprozesse war Außenminister László Rajk. Er fiel im Herbst 1949 einem Schauprozess zum Opfer und wurde genauso ermordet, wie viele weitere hohe Parteifunktionäre und kommunistische Veteranen nach ihm.[325] Er wurde zu einem Symbol des stalinistischen Terrors und seine Verurteilung leitete eine Welle an Verhaftungen, Folter und Mord in der Partei ein. So hat unter anderem auch der spätere Parteichef János Kádár, unter Rákosi im Gefängnis gesessen. All diese Opfer waren jedoch Teile des politischen Establishments und meist überzeugte Kommunisten. Die politische Gesinnung der Opfer ist auch der Grund, warum heute nur den wenigsten von ihnen (z.b Imre Nagy) gedacht wird. Sie eignen sich nicht wirklich zu „Märtyrern gegen den Kommunismus".

Revisionistisches, chauvinistisches und nationalistisches Gedankengut sind in Ungarn auch nach dem Jahre 1945 zu finden und nicht alle Verbreiter solcher Ideologien befinden sich in der Opposition zur Staatsführung. So genießt in rechten Kreisen die auch in der Ungarischen Volksrepublik aktive Gruppe der „volkstümlichen" Dichter und Schriftsteller (Népi - Írók) bis heute die höchste Verehrung. Die „volkstümlichen" Schriftsteller, waren hauptsächlich in den 1920er und 1930er Jahren aktiv und beschäftigten sich mit einer Idealisierung/Romantisierung des ungarischen Landlebens und der ungarischen Bauernschaft. Vor allem in den armen Gesellschaftsschichten der Klein- und Kleinstbauern, wollten sie die wahre „ungarische Identität" finden und bewahren.[326] Die ungarische Bauernschaft war einerseits die Bewahrerin der ungarischen Bräuche und Identitäten, andererseits in einem furchtbaren ökonomischen und sozialen Zustand, der selbst im 20. Jahrhundert noch an die Leibeigenschaft erinnerte.[327] Daher war auch das Ansprechen von sozialen Problemen eine der wichtigsten Themen dieser Schriftsteller. Ideologisch waren die prominentesten Schriftsteller dieser Gruppe auf der Linie der konservativen Unabhängigen Kleinlandwirtepartei und der kleinen und zum linken Spektrum gehörenden Nationalen Bauernpartei (Nemzeti Parasztpárt). Es lassen sich aber auch Vertreter einer Blut- und Boden Ideologie, sowie Rassentheoretiker in dieser Gruppe finden. Zwei der bedeutendsten „volkstümlichen" Schriftsteller in der Nachkriegszeit waren Gyula Illyés und László Németh.

Gyula Illyés stand dem linken Spektrum dieser Strömung nahe und arbeitete bereits in der Vorkriegszeit mit den Sozialdemokraten zusammen. Nach Abschluss seiner schulischen Ausbildung in Budapest, unterstützt er die Räterepublik und flieht schließlich über Wien nach Paris, wo er die nächsten Jahre verbringt.[328] Nach einer Amnestie im Jahre 1926 kehrt er nach Ungarn zurück und publiziert in den Folgejahren zusammen mit anderen Größen der zeitgenössischen ungarischen Literatur unter anderem in der Zeitschrift „Nyugat".[329] In den

30er Jahren lernt er Lászlo Németh kennen, mit dem er eine jahrzehntelange Freundschaft pflegen wird. Zu dieser Zeit nimmt er am Konsolidierungsprozess der Gruppe der „volkstümlichen Schriftsteller" teil und fährt auch zu einem Literaturkongress in die Sowjetunion.[330] In den Folgejahren distanziert sich die Gruppe von der radikalen Linken und schließt Kontakte mit Gyula Gömbös und der politischen Rechten.[331] Mit Hilfe von Imre Bajcsy – Zsilinszky findet er eine Anstellung bei der Nationalbank und kann sich daneben der Literatur widmen.

Illyés' politische Ansichten sind weiterhin links der Mitte, er spricht sich gegen die Todesstrafe aus und muss mit dem Einmarsch der Wehrmacht seine Wohnung verlassen und in Nordungarn untertauchen. Er kehrt schließlich nach Budapest zurück, wo er die Belagerung erlebt und gleich nach dem Ende des Krieges (führendes) Mitglied der Nationalen Bauernpartei wird und für diese auch in der provisorischen Nationalversammlung sitzt.[332] Schon bald darauf verlässt er aber den Parteivorstand und 1948 die Politik selbst. In den Folgejahren widmet er sich vermehrt der Literaturproduktion. Nach der Zeit des Stalinismus reist Illyés vermehrt ins (auch westliche) Ausland und wird mit zahlreichen Preisen gewürdigt. Nach dem Tod seiner Freunde und Kollegen, wird er zu einer Art „altem Herrn" der Literaturszene. Bis zum Ende kämpft er für ein „vom schädlichen Einfluss des Nationalismus gesäubertes, gemeinsames Volksbewusstsein der Ungarn"[333]. Er stirbt im April 1983. Das Leben von Illyés gilt als Beispielhaft unter den „Volkstümlichen". Zwar wurde er im Leben oft für seine politischen Ideale kritisiert, er hatte sich aber nie so diskreditiert, dass es seiner Karriere geschadet hätte.

Selbiges gilt nicht für László Németh, einen guten Freund und Kollegen von Illyés, dessen Leben sich nach diversen antisemitischen Äußerungen in den 1940er Jahren ganz anders gestaltet hat. Németh, ein aus Siebenbürgen stammender Zahnarzt, betätigte sich in der Zwischenkriegszeit als Schriftsteller und Dramaturg. Er war ein Vertreter der Blut- und Boden Ideologie, Antisemit, Rassist und verfasste mehrere Schriften, die ihm in den 1950er Jahren zum Verhängnis wurden. Zu seinen am heftigsten kritisieren Werken gehört wohl die Schrift „In der Minderheit" (Kisebbségben) aus dem Jahre 1939, in welchem er die Theorie aufstellt wonach es „tiefe Ungarn" (mély magyar) und „wässrige Ungarn" (híg magyar) gibt. Der Unterschied zwischen diesen Typen ist (wie nicht anders zu erwarten) die Reinheit des Blutes. Garniert wird diese Theorie mit Seitenweise antisemitischen Theorien und Warnungen vor der Assimilation der Juden in die ungarische Gesellschaft.[334] Kritisiert wurde er für diesen Text unter anderem vom marxistischen Theoretiker Georg Lukács, laut welchem dieser „reaktionäre Text voll wäre mit Widersprüchen und absurden Schlüssen".[335]

Zu weiteren heftigen Reaktionen führte die Äußerung Némeths, wonach die Juden während des Kriegs an Stärke gewonnen hätten und bereits ihre Messer

wetzen würden, um an den Ungarn blutige Rache zu nehmen.[336] Diese, in An-
lehnung an die Figur Shakespeares „Shylock-Vergleich" genannte Rede, hielt
Németh zum ersten Mal im Sommer 1943, also zu einem Zeitpunkt wo ein
Großteil der europäischen Juden bereits von der nationalsozialistischen Vernichtungsmaschinerie erfasst wurde. Auch später im Krieg zeigte Németh keine Intentionen seine antisemitische Haltung zu überdenken und machte noch mit
mehreren streitbaren Aussagen auf sich aufmerksam. Das Ende des Krieges erlebte Németh teilweise zusammen mit Illyés in Budapest, bekam aber nach 1945
sehr große Probleme mit der neuen politischen Führung.

Im Gegensatz zu vielen ihrer Kollegen, kehrten Illyés wie Németh Ungarn
nicht den Rücken und blieben bis zu ihrem Lebensende (Németh 1975, Illyés
1983) literarisch aktiv. Sie wurden Vorbilder für eine junge Generation von Nationalisten und blieben es bis heute. Ihre Stücke werden oft von Theatern mit
rechtem politischem Hintergrund gespielt. Ein Beispiel hierfür ist der Skandal
um die Ernennung des Rechtsextremisten György (Georg) Dörner zum Theater-
direktor des Budapester „Neuen Theaters" im Herbst 2011. Er überlegte das
Theater in „László Németh Theater" umzubenennen (nachdem die Umbenen-
nung auf den Namen „Heimatfronttheater" nicht auf große Gegenliebe gestoßen
ist). Natürlich sollten Némeths Stücke auch vermehrt gespielt werden.[337] Unterstützung erhielt er bei diesem Vorhaben von István Csurka, dem damaligen Vor-
sitzenden der rechtsextremen Kleinpartei „Partei für Ungarische Wahrheit und
Leben - MIÉP" (Magyar Igazság és Élet Pártja). Csurka schrieb bereits vor der
Wende Theaterstücke und kannte Németh, wie Illyés persönlich.

Der Aufstand

Die historische Interpretation der Vorgänge im Herbst 1956, die auf Deutsch
unter anderem als „ungarischer Volksaufstand", oder auch als „Revolution von
1956" bezeichnet werden, ist bis heute noch nicht entschieden. Unbestritten ist
jedenfalls, dass es als eines der bedeutendsten Ereignisse der jüngeren ungarischen Geschichte gesehen wird. Ansonsten reicht die Interpretation von einer
Konterrevolution, einer linken Reformbewegung, einer bürgerlich - demokratischen Bewegung, bis zu einem dezidiert antikommunistischen und nationalistischen Aufstand. In Wahrheit hatte wohl jede am Aufstand teilnehmende Gruppe
ihre eigenen Intentionen und Ziele, sodass „1956" keineswegs bloß auf eine
Weise interpretiert werden kann.

Der Aufstand Ende Oktober 1956 hatte verschiedene Gründe außenpoliti-
scher und innenpolitischer Natur. Große Enttäuschung in der ungarischen Bevölkerung verursachte dass 1955 die sowjetischen Truppen zwar aus Österreich,
aber nicht aus Österreich abgezogen wurden.[338] Innenpolitisch war die Lage in-

folge einer schlechten wirtschaftlichen Entwicklung sowie der daraus folgenden Absetzung (und Parteiausschuss) des populären Reformers Imre Nagy, bei Wiedereinsetzung der stalinistischen „alten Garde", sehr angespannt. Hinzu kam die berühmte Rede von Chruschtschow auf dem XX. Parteitag der KPdSU und die damit verbundene Abrechnung mit Stalin, bei gleichzeitiger Erklärung zur Ausweitung der nationalen Unabhängigkeit der „Satellitenstaaten". [339]

Alles in allem war die Lage der ungarischen Staatsführung prekär. Rákosi war verhasst, die Menschen forderten Reformen, der Lebensstandard war gesunken und Moskau unterstützte keine stalinistischen Methoden mehr. In einer solchen Atmosphäre sah sich die Regierung gezwungen, gewisse Freiräume wie eine Lockerung der Zensur und einen studentischen Diskussionskreis mit dem Namen „Petőfi – Klub" zu erlauben. Der Diskussionskreis, dessen Name auf die Revolution von 1848/49 hinweist, sollte im Herbst die Revolution mit- auslösen. Währenddessen wurde im Sommer aber die Position Rákosis immer untragbarer. Nachdem Unruhen in Polen der sowjetischen Führung, die Tragweite der revolutionären Gefahr verdeutlichten, wurde Rákosi zum Rücktritt gezwungen und der Rákosi- Gefolgsmann Ernő Gerő zum ersten Parteisekretär ernannt. [340] Sein Ziel war es, den Schein eines personellen und ideologischen Neustarts vorzutäuschen und die schwere Wirtschaftslage, auch mit Hilfe von sowjetischen Krediten, zu lindern. Dieser Plan ging aber nicht auf.

Am 20. Oktober und den Folgetagen kam es an den Universitäten zu Versammlungen, wo schließlich am 22. Oktober ein Forderungskatalog mit 16 Punkten erarbeitet wurde. Die wichtigsten Forderungen waren: Mehrparteiensystem, Rückzug der sowjetischen Truppen, Arbeiterrechte (Streikrecht, Mindestlohn, Kontrolle der Produktionsmittel durch Arbeiterräte), Reform der „Partei der Ungarischen Werktätigen" MDP (Demokratische Wahlen des Parteiapparates, Nagy als Ministerpräsident), Garantie persönlicher Freiheiten, Auflösung des Geheimdienstes und Bestrafung jener Geheimdienstmitarbeiter die Verbrechen verübt haben, eigenständige Außenpolitik, Ende des Stalin'schen Personenkultes und eine Aufwertung „nationaler" Symbole und Gedenktage. [341] Diese Forderungen waren von zentraler Wichtigkeit, als sich am 23. Oktober bei einer Demonstration für die Unabhängigkeitsbewegung in Polen, rund 100 000 Demonstranten vor der Statue des polnischen Generals Bem versammelten (Ein polnischer General der bei der Revolution von 1848 auf Seiten der Ungarn kämpfte). [342] Als daraufhin die Geheimpolizei ÁVH in die Menge schoss, hatte das viele Todesopfer zur Folge und lieferte den Funken zum Ausbruch der Revolution.

Zum Ausbruch der Revolution hält sich die Regierung gerade in Jugoslawien auf und kehrt aufgrund der Ereignisse nach Budapest zurück. Der Staat droht ihrer Kontrolle entgleiten. Die Regierung ist von der Intensität des Aufstandes überrascht und zieht sofort personelle Konsequenzen. Imre Nagy wird zum Ministerpräsidenten ernannt und soll die aufgebrachten Menschen beruhigen. Dem steuert jedoch Gerő entgegen, der den Aufstand mit militärischen Mitteln niederschlagen will und nicht nur regierungstreue Truppen des ÁVH einsetzt, sondern auch militärische Hilfe durch die im Land stationierte Rote Armee fordert.[343] Teile der Bevölkerung bewaffnen sich und es folgen Gefechte mit sowjetischen Truppen und dem Geheimdienst. Der Aufstand breitet sich auf andere Städte aus.

Am 25. Oktober kommt es vor dem Parlament in Budapest (am Kossuth Platz) und in der Stadt Mosonmagyaróvár noch einmal zu zwei Massakern an Demonstranten. Daraufhin wird Gerő als Parteichef durch János Kádár ersetzt. In den folgenden Tagen wird eine neue Regierung vorgestellt, der auch nicht-Kommunisten angehören, Nagy erklärt die Auflösung des ÁVH und erreicht einen (temporären) Rückzug der Roten Armee.[344] Gleichzeitig löst Kádár die MDP auf und gründet sie als Ungarische Sozialistische Arbeiterpartei - USAP (Magyar Szocialista Munkáspárt -MSZMP) neu. Die Frage wie ernst es zu diesem Zeitpunkt der sowjetischen Staatsführung mit einem Rückzug der Truppen war, lässt sich hier nicht beantworten.

Am 30. - 31. Oktober und 1. November erklärt Nagy trotz seines Beharrens auf den sozialistischen Charakter Ungarns das Ende der Einparteienherrschaft, die Neutralität und den Austritt aus dem Warschauer Pakt.[345] Gleichzeitig wird Kardinal Mindszenty aus dem Gefängnis befreit und auf den Straßen gefeiert. Es ist keine Überraschung, dass damit für die Sowjetunion die Grenze zum tolerierbaren überschritten wurde, dennoch führt Juri Andropov, der damalige sowjetische Botschafter in Ungarn, Scheinverhandlungen mit der ungarischen Regierung, während am 1. November die Rote Armee bereits wieder in Richtung Budapest unterwegs ist.[346] Zwischenzeitlich war Kádár verschwunden und ist nach Moskau gereist um dort eine neue Regierung aufzustellen. Am 3. November wird im Parlament über den sowjetischen Truppenabzug verhandelt,doch als die Regierungsdelegation zu einer Fortsetzung der Verhandlungen in die Kommandantur der Roten Armee nach Tököl geht, wird sie festgenommen.[347]

Am Morgen des 4. November ziehen sowjetische Truppen in Budapest ein und es beginnt ein erbitterter Kampf, der ungefähr eine Woche dauert. Imre Nagy und einige Vertraute schaffen es nach einer historischen Radioansprache in die jugoslawische Botschaft zu flüchten, während Kardinal Mindszenty in die Botschaft der USA flieht (und diese für Jahrzehnte nicht verlässt). In Budapest leisten einige Gruppierungen starken Widerstand gegen die stark überlegene Rote Armee, unter anderem Studenten und Arbeiterräte auf der Insel Csepel. Bei den Kampfhandlungen werden vor allem Pester Stadtteile stark zerstört. Der Kampf fordert auf Seiten der Ungarn ca. 2700 und auf Seiten der Roten Armee

670 Opfer.[348] Der Westen hat sich trotz Solidaritätserklärungen über Radio nicht in den Konflikt eingemischt, teilweise auch weil zur selben Zeit die Suezkrise auf einem Höhepunkt ist. In den Folgemonaten verlassen ungefähr 200 000 Ungarn das Land und fliehen meist über Österreich in den Westen (ca. 170 000 bleiben im Ausland).[349] Dort bilden sie teilweise große Gemeinden, oder schließen sich bereits bestehenden Exilgemeinden wie jenen der geflohenen Pfeilkreuzler an. Für Österreich ist der Ungarnaufstand die erste Bewährungsprobe nach der Unabhängigkeit und das Land ist nicht nur Durchreiseland, sondern auch Zielland von tausenden Flüchtlingen.

9. Die Regierung Kádár

Die rechtsextreme Exilgemeinde nach der Revolution

Sofort nach der Niederschlagung des Aufstandes, begannen in der rechtsextremen Exilgemeinde Diskussionen über die Bedeutung der Revolution. Einerseits boten die vielen Flüchtlinge Möglichkeiten zur Expansion, andererseits zeigte die Niederschlagung, dass auch die Aufwendung starker militärischer Mittel nicht reichte um die kommunistische Herrschaft in Ungarn zu beenden und das Bestehen des Kommunismus in Ungarn mit der Existenz der Sowjetunion verknüpft ist. Für die im Exil lebenden Nationalsozialisten hieß es also sich auf einen längeren Aufenthalt einzurichten. Die niedergeschlagene Revolution wurde zu einem der wichtigsten Themen für die hungaristischen Medien.

Was die politische Beurteilung des 1956er Aufstandes angeht, wurde mit allen Mitteln versucht die Revolution mit der Machtübernahme der Pfeilkreuzler 1944 in Verbindung zu bringen.[350] Die hungaristischen Medien fanden zahlreiche Bezeichnungen für den Aufstand, von „Revolution" bis zum „Freiheitskampf der ungarischen Nation"[351] und die in der Revolution gefallenen wurden grundsätzlich als Helden bezeichnet. Die Phantastereien der im Exil lebenden Hungaristen/Pfeilkreuzler gingen so weit, dass man der revolutionären Jugend sogar „unbewusst nationalsozialistische Gedanken" unterstellte.[352]

Zehntausende Flüchtlinge kamen in den Tagen und Wochen nach der Revolution nach Österreich, viele waren aber mit dem Leben in einer anderen Kultur und Sprache überfordert. Diese Chance nutzten die nunmehr seit 10 Jahren im Ausland lebenden Pfeilkreuzler und boten den Flüchtlingen Hilfe beim Aufbau eines neuen Lebens an. Um die Flüchtlinge ansprechen zu können wurde auch das eigene Erscheinungsbild geändert und die Medienerzeugnisse der nationalsozialistischen Exilgruppen wurden dem Wissensstand und den Bedürfnissen der Neuankömmlinge angepasst. Es gab Flüchtlinge die als verurteilte Nationalsozialisten die Revolution (und die damit einhergehenden offenen Gefängnistore) als Chance zur Flucht genutzt haben und sofort in die Organisation aufgenommen wurden.[353] Für den Rest wurde die Geschichte der hungaristischen Bewegung leicht verständlich und ordentlich geschönt zusammengefasst, wobei vor allem der Antikommunismus nicht zu kurz kam.

Viele Schwierigkeiten der Bewegung wurden durch die außergewöhnlichen Umstände des Jahres 1956 vorübergehend überdeckt, aber nicht gelöst. So waren die Anwerbeaktionen nach dem Ungarnaufstand recht erfolgreich und es gab mit den „jungen" 56ern eine neue Generation innerhalb der Hungaristen.[354] Andererseits war die Mitgliederentwicklung nicht positiv, was auch an den zurückgehenden Auflagenzahlen der Zeitschrift „Weg und Ziel" ersichtlich wird.[355] Der ideologische Fokus der im Exil lebenden Pfeilkreuzler reicht in den 60er und 70er Jahren von den klassischen hungaristischen Themen wie die Erschaffung und Ausgestaltung eines „Hungaristischen Reiches",[356] zur Frauenpolitik im Rahmen der Diskussionen um die Fristenlösung,[357] über eine eigenartige ideologische Konstruktion mit der Bezeichnung des „braunen" und „grünen" Bolschewismus,[358] der Frage nach der Rolle der christlichen Religionen, bis zur so genannten Idee des „Konationalismus". (Mehr dazu im nächsten Kapitel)

Eine große Sorge aller nationalistischen Flüchtlinge (nicht bloß der rechtsextremen) war die „richtige" Erziehung ihrer Kinder. Zu diesem Zweck errichteten sie vor allem in Österreich und Deutschland eigene Schulen mit ungarischer Unterrichtssprache und passenden „antikommunistischen" Inhalten. Vor allem die konservativ-christliche Schule in Kastl (Bayern), war in diesem Zusammenhang besonders bekannt. Kastl wurde von der Bundesrepublik Deutschland unterstützt und bestand bis zum Jahre 2006. Es existierte auch zumindest eine, dezidiert rechtsradikale Schule in Innsbruck.[359] Diese Schule mit dem Ziel die Kinder zu „richtigen Ungarn" zu erziehen, kämpfte aber Zeit ihres Bestehens mit schwerwiegenden finanziellen Schwierigkeiten,[360] weswegen sie schließlich 1963 geschlossen werden musste.

Die theoretische Basis des Hungarismus nach 1956

Unter „Konationalismus" (einer Weiterentwicklung der Ideen Szálasis), versteht sich (laut Eigendefinition) eine Union, mit einer relativen Gleichberechtigung der Völker des Karpatenbeckens, allerdings unter ungarischer Vorherrschaft. In Wahrheit geht es beim „Konationalismus" also um eine Art Ethnopluralismus mit ungarischer Ausrichtung. Dieses neurechte Konzept ist mit der Apartheid Südafrikas vergleichbar. Im Unterschied zum klassischen Nationalsozialismus wird im Ethnopluralismus nicht von einer rassischen Vorherrschaft gesprochen, sondern stets von einer kulturellen. Es wird auch jeder „Kultur", jedem „Volk" ein gewisses Lebensrecht eingeräumt, dies jedoch bloß im Land der Abstammung oder einem anderen zugewiesenen Gebiet. Die „Homelands" Südafrikas sind ein hervorragendes Beispiel für die praktischen Auswirkungen solcher Denkmuster. Dort wurde schwarzafrikanischen Bevölkerungsgruppen theoretisch eigene Siedlungsgebiete überlassen, bei genauerer Betrachtung handelte es sich aber bei den Homelands keineswegs um souveräne Staaten, sondern vielmehr um abhängige Gebilde, deren Existenzgrundlage daraus bestand, jene Gebiete Südafrikas, die ausschließlich und dicht von den so genannten „Schwarzen" besiedelt waren aus Südafrika auszugliedern, die Verwaltungskosten dieser

Gebiete durch Selbstverwaltung und partielle Eigenverantwortung zu senken und Gebiete zu haben in die man die schwarze Bevölkerung aus anderen Teilen des Landes deportieren konnte.

In Ablehnung an jeglichen Sozialismus wurde auch der „nationale- Sozialismus" eines Ernst Röhm abgelehnt und als „brauner Sozialismus" bezeichnet. Ebenso abgelehnt wurde die in den 30er Jahren aufgestellte Konstruktion eines „grünen – Sozialismus", der davon ausging, dass der zukünftige ungarische Staat eine proletarische Diktatur ohne „Klassen, Juden, Kapitalisten und in weiterer Konsequenz ohne Religion war".[361] Grün war dieser „Sozialismus" deshalb, weil die unpassenden Elemente aus der Gesellschaft ausgemerzt werden sollten, wie Schädlinge im Garten.

Die Erschaffung des „Hungaristischen Reiches" (auf Basis des Konationalismus), mit der ungarischen Nation als Führungskraft und 6 autonomen nationalen – Minderheiten, war die Grundlage des Weltbildes der im Exil lebenden Pfeilkreuzler.[362] Wenig überraschend sollte dieser Staat innerhalb der Grenzen des historischen ungarischen Königreichs entstehen. Eine weitere Grundlage des zu errichtenden Reiches war der christliche Glaube. Zwar hatten die Pfeilkreuzler große Differenzen mit der katholischen Kirche, dennoch begannen ihre Gedenkveranstaltungen stets mit einer Messe.[363] Verbreitung in den hungaristischen Kreisen fand aber auch das Neuheidentum, welches bis heute eine starke Komponente des ungarischen Rechtsradikalismus ist. Das zu erschaffende „Hungaristische Reich", sollte ein korporatistischer Staat werden, in welchem die Klassengegensätze genauso aufgehoben waren, wie die Gegensätze zwischen den Nationalitäten. Da sich Ungarn, wie die benachbarten „Bruderstaaten", aber unter dem Einflussgebiet einer Großmacht befanden und (offensichtlich) nicht in der Lage waren, sich aus eigener Kraft davon zu lösen, konnte laut der damals gängigen Meinung der Staat der Zukunft nur nach einem großen Krieg errichtet werden.[364] Zu einer Zeit also, wo die Sowjetunion nicht mehr existierte und die Karten neu gemischt wurden. Die Errichtung dieses Reiches stand aus diesen Gründen auch unter dem Motto der „Pax Hungarica" also dem „ungarischen Frieden".

Abseits der Ideen um einen zu errichtenden Staat beschäftigte noch ein Thema die ungarischen Flüchtlinge (wie auch die Volksrepublik); Die Kinderlosigkeit der ungarischen Familien. Mit Schrecken mussten die Hungaristen im Exil feststellen, dass die Bevölkerungsentwicklung negativ war und eine Schrumpfung der ungarischen Bevölkerung vorhergesagt wurde (und auch eintraf). Aus diesem Grunde sprach man sich für Einschränkungen bei der Möglichkeit der Abtreibung aus.[365] Außerdem versuchte man die Frauen mit Appellen und Geldgeschenken zum Kinderkriegen zu animieren. Es wurden sogar

Spendenfonds eingerichtet, die den Frauen ab dem dritten Kind immer höhere Beträge an US-Dollars zukommen lassen wollten.

Zum politischen Weltbild der Pfeilkreuzler gehörte (und gehört) die Rassentheorie. Im Unterschied zu vielen regionalen rassistischen Gruppierungen deren Horizont meist nicht weit über die Landesgrenzen hinausging, hatte der hungaristische Rassismus aufgrund seiner weit verstreuten Natur aber eine globale Sichtweise. Grundlage bildete der „klassische" radikale Antisemitismus der 30er und 40er Jahre, welcher jedoch durch Elemente des westeuropäischen und amerikanischen Rassismus ergänzt wurde. So sahen die Hungaristen der 1960-1980er Jahre, die „weiße Rasse" in einem internationalen Abwehrkampf gegen Farbige. Die wichtigen westlichen Staaten waren ihrer Meinung nach von einer anderen „Rasse" bedroht, die USA von Mexikanern, Australien von Asiaten, Großbritannien von Afrikanern, Frankreich von Arabern, Deutschland von Türken und Ungarn von Roma und Rumänen.[366] Wichtige Themen hungaristischer „Theoretiker" waren zu dieser Zeit der Zerfall der europäischen Vorherrschaft im südlichen Afrika (portugiesische Kolonien, Rhodesien, später Südafrika), der Umgang des Westens mit der Sowjetunion, die Situation in Asien (China, Vietnamkrieg, Indien-Pakistan Konflikt) und natürlich der Nahe Osten mit den Konflikten zwischen Israel und den arabischen Nachbarstaaten. Weltweit sahen sie die Vorherrschaft der „Weißen" bedroht, und begründeten dies unter anderem mit der hohen Geburtenrate in Asien und Afrika, was den Anteil der „Weißen" in der Weltbevölkerung beständig schrumpfen ließ (und lässt).

Das Judentum spielte in den Theorien der Rechtsextremen eine besondere Rolle. Es galt, wie auch schon in der Zeit vor dem Zweiten Weltkrieg als eigene „Rasse" und nicht als Religionsgemeinschaft. Nach dem Weltkrieg stützen sie diese Theorie auf eine ungewöhnliche Quelle nämlich das Höchstgericht von Israel, welches eine jüdische Nation anerkannte und sich dabei auf die Jahrhundertealte jüdische Rechtsauffassung stütze, nach welcher das Kind einer jüdischen Mutter ebenfalls von Geburt an jüdisch sei.[367] Darüber hinaus gehörten die Juden laut gängiger antisemitischer Diktion zur asiatischen Rasse und waren keinesfalls „Weiße" im Sinne der rechtsextremen Rassentheorie. Ebenfalls in diese Zeit fällt die bis heute sehr populäre Verbindung von Juden und Roma.[368]

Ein wichtiges Element des ungarischen Antisemitismus ist die Verbindung von Judentum und Kommunismus. Diese Verbindung wurde schon nach der Räterepublik 1919 hergestellt, aber nach dem Krieg bekräftigt. Darüber ob und wie zahlreich jüdische Überlebende nach dem Krieg der MDP beitraten gehen die wissenschaftlichen Meinungen zwar auseinander,[369] aber allein die jüdische Abstammung Rákosis reichte als Beweis einer solchen Verbindung vollkommen (Dessen ungeachtet, dass Rákosi selbst „antizionistische Säuberungen" geplant hat).[370] Rechtsextreme „Historiker" haben ebenfalls behauptet eine starke jüdische Unterwanderung des Geheimdienstes ÁVH festgestellt zu haben, dessen Existenz zwar nicht belegbar ist, aber nicht nur die These des jüdischen - Bolschewismus weiter unterstütze, sondern auch die Worte Némeths in Erinnerung rief, wonach die Juden nach dem Krieg an Ungarn Rache üben würden.[371] Natürlich stellten sich die rechtsextremen Theoretiker beim Konflikt im Nahen Osten auf die Seite der Araber.[372]

Die Lage der Regierung Kádár

Ministerpräsident Imre Nagy gehört zu den wenigen politischen Persönlichkeiten dieser Zeit, die bis heute von (fast) allen politischen Lagern in Ungarn verehrt werden. Als Reformer und Gegenspieler des äußerst verhassten Rákosi war er in Ungarn sehr beliebt. Zur nationalen Figur über dieses Ziel hinaus machte ihn aber sein Engagement während des Aufstandes im Jahre 1956. Nachdem die Lage in Budapest ausweglos wurde, floh Nagy in die jugoslawische Botschaft und fand dort bis zum 22. November Asyl, als man ihn nach Vorspiegelung falscher Tatsachen aus der Botschaft lockte und er vom sowjetischen Geheimdienst festgenommen und verschleppt wurde. Nagy wurde im Sommer 1958 ein Geheimprozess gemacht, wobei er zum Tode verurteilt und hingerichtet wurde.[373]

János Kádár wurde neuer Ministerpräsident „von Moskaus Gnaden" in Ungarn und hatte damit eine sehr schwere Aufgabe übernommen. Die Partei war so gut wie aufgelöst. Die Arbeiterschaft, eigentlich Stütze des Systems, stand aufgrund ihrer regen Beteiligung in den revolutionären Arbeiterräten dem System feindlich gegenüber.[374] Der Revolution folgten starke Repressionen, Verhaftungen, Verschleppungen und Morde, die fast alle Schichten der Gesellschaft betrafen. Die Gefängnisse waren im März 1957 so überfüllt, dass die alten Internierungslager wieder eröffnet wurden und darüber hinaus verließen ungefähr 170 000 Menschen dauerhaft das Land, darunter viele Junge und Intellektuelle.

Kádár wusste, dass er bloß den Kopf einer Marionettenregierung spielte die Moskaus Befehle ausführte und darüber hinaus sogar nach der Gesetzeslage der Volksrepublik illegitim war.[375] Er wusste aber auch, dass er nur mit Reformen und einer radikalen Verbesserung der Lebenssituation der Bevölkerung, die Herrschaft der Partei über das Land absichern konnte. So begann er schrittweise und mit der Unterstützung Moskaus das Land zu reformieren. Bereits 1956 wurden die Löhne um durchschnittlich 18% erhöht, Restriktionen im Bereich des Handels und des kleinen Handwerks wurden gelockert, Steuersätze gesenkt, die Pensionen von jenen denen sie seit 1948 vorenthalten wurden (u. a Beamten des vorigen Regimes) ausbezahlt und Weihnachten sowie Ostermontag wieder zu arbeitsfreien Tagen erklärt.[376]

In den kommenden Jahren wurde viel Geld für die Verbesserung des Lebensstandards investiert, darüber hinaus erhielt Ungarn auch Wirtschaftshilfe aus der Sowjetunion und anderen „Bruderstaaten". Da das ungarische Militär als unzuverlässig galt, verzichtete Moskau auf eine allzu starke Aufrüstung und es wurden industrielle Kapazitäten zugunsten der Konsumgüterproduktion zurückgefahren. In der Landwirtschaft wurden Zwangsmaßnahmen zur Kollektivierung gemildert, dennoch stieg die Zahl der Produktionsgenossenschaften rapide an und es konnte ein Großteil der zuvor als „Kulaken" starken Repressionen ausgesetzte Großbauern mit hohen Posten in den LPG's zur Mitarbeit überredet werden.[377] Bis zum Parteitag im Jahre 1962 war die Position der MSZMP gefestigt und die Macht des Staates über fast jeden Sektor der Wirtschaft ausgedehnt. Danach konnte mit der Aufarbeitung der Geschichte und mit der Rehabilitierung von politischen Gefangenen, sowie mit der Bestrafung von besonders unbeliebten und grausamen Parteiangehörigen aus den 1950er Jahren begonnen werden.[378]

Es entwickelte sich in Ungarn unter Kádár ein „Gulaschkommunismus" genanntes System, welches der Bevölkerung, einen im Vergleich zu den sozialistischen Nachbarn, guten Lebensstil und relativ viele Freiheiten ermöglichte, solange man gewisse unumstößliche Grundsätze des Systems nicht hinterfragte. Solche Grundsätze waren unter anderem die außenpolitische Bindung an Moskau, das Einparteiensystem, die Mitgliedschaft im Warschauer Pakt und die führende Rolle der MSZMP.[379] Das Kádár - System versuchte die Sphäre des Alltäglichen zu entpolitisieren und führte bereits 1968 wirtschaftliche Reformen ein, die marktwirtschaftliche Elemente in die Planwirtschaft brachten (zB. Wegfall der Preisbindung bei vielen Produkten). In diesen Jahren wuchs die Wirtschaft rasant. Der Fokus der ungarischen Wirtschaft lag dabei auf der Schwerindustrie, sodass die wichtigsten Exportartikel Rohstoffe/Halbfertigprodukte, danach Maschinen, Konsumgüter, Nahrungsmittel und erst zuletzt landwirtschaftliche Produkte waren.[380]

Ein Indikator für die Entwicklung der Wirtschaft war die Anzahl der Autos per Einwohner. So hatten in Ungarn im Jahre 1986, 135 aus 1000 Einwohnern ein Auto, während es im internationalen Durchschnitt 73, in Polen 99, Griechenland nur 127, dafür aber im Westen 400-500 waren.[381] Diese Zahlen sind ein sehr gutes Beispiel für eine der wichtigsten Problematiken in Ungarn. Trotz einer äußerst positiven Entwicklungen im wirtschaftlichen Bereich, blieb Ungarn stets abgeschlagen hinter den westeuropäischen Staaten, die mit ihrem Glanz und dem Versprechen einen ähnlich hohen Lebensstandard erreichen zu können, die Menschen hinter dem Eisernen Vorhang blenden konnten. Dementsprechend tief war dann der Schock, als die Menschen nach der Wende erkennen mussten, dass sich an ihren Lebensverhältnissen nicht viel geändert hat.

Die politische Opposition zur Zeit Kádárs war im Vergleich zu anderen osteuropäischen Staaten wie Polen und Tschechoslowakei eher schwach. Dennoch kam es ab den 1970er Jahren vermehrt zu Demonstrationen und Kundgebungen gegen das Regime. Eine zentrale Rolle spielte hierbei der Platz vor dem Nationalmuseum am 15. März. Zu dieser Zeit wurde der Revolution von 1848/49 gedacht. Dieser Tag war zur Zeit des Realsozialismus kein offizieller Feiertag, wurde aber vor allem von der nationalistischen Bevölkerung als solcher gefeiert. Diese versuchte an diesem Tag Demonstrationen zu organisieren, während das Regime mit eigenen staatlichen Großveranstaltungen antwortete. Die Literatur war ebenfalls immer ein Mittel des Widerstands gegen das System und viele heute berühmte ungarische Schriftsteller begannen ihre Arbeit im Realsozialismus, wo sie „für die Schublade" schrieben. Die Erfahrungen von 1956 (und 1968) lehrten die ungarische Bevölkerung, dass ein bewaffneter Widerstand sinnlos war und auch aus dem Ausland keine Hilfe erwartet werden konnte. So fügten sie sich ihrem Schicksal und leisteten kaum Widerstand.

Innere und äußere Opposition

Die ungarische Regierung konnte in den Jahren nach der Revolution, das Vertrauen des westlichen Auslands gewinnen und auch diplomatisch ihre Herrschaft absichern. Im Tausch gegen eine Generalamnestie aller politischer Gefangenen die nicht wegen Mordes oder des bewaffneten Widerstandes einsaßen, wurde Ungarn 1963 als vollwertiges Mitglied in die UNO aufgenommen.[382] Noch in den Jahren davor konnte aber die ungarische Regierung mit zwei wichtigen innerstaatlichen Gruppierungen Frieden schließen, der katholischen Kirche und dem Schriftstellerverband, die beide starke Unterstützer der Revolution waren.

Bereits 1957 trat die Regierung an die katholische Kirche mit dem Angebot einer Versöhnung heran. Diese war auch wegen des internationalen Drucks notwendig (die ungarische Regierung wurde von vielen Staaten nicht als legitime Regierung anerkannt). Es wurde eine Grundsatzerklärung herausgegeben die besagte, dass man von staatlicher Seite weder die religiösen Gefühle der Gläubigen, noch deren Recht auf freie Religionsausübung einschränken würde.[383] Daraufhin war die Kirche bereit einen „modus vivendi" mit der neuen Regierung zu finden und nicht nur ihren Widerstand aufzugeben, sondern sogar zur aktiven Mitarbeit im System aufzurufen. Dies galt jedoch insbesondere für eine Person nicht, Kardinal Josef Mindszenty. Dieser sollte noch bis 1971 in der US - Amerikanischen Botschaft leben und danach den Rest seines Lebens im Wiener Exil verbringen. Er blieb bis zum Tode ein entschiedener Gegner des Kommunismus und geriet durch seine kompromisslose Haltung sogar mit dem Vatikan in Konflikt. Dafür wird er wird bis heute von antikommunistischen Kreisen verehrt.

Eine besondere Rolle in der Kulturpolitik spielte der Schriftstellerverband. Eine Körperschaft die auch für die Propaganda und die Legitimation des Systems wichtig war. Der Schriftstellerverband wurde jedoch nach der Revolution aufgelöst und viele seiner Mitglieder flohen aus Ungarn oder wurden im Rahmen ihrer Aktivitäten bei der Revolution eingesperrt. Noch unvorteilhafter war für das System, dass besonders viele linke Schriftsteller engagiert für die Revolution eintraten und daher dem System nicht mehr zur Verfügung standen und/oder geflohen waren. Anfängliche Versuche des neuen Regimes die Schriftsteller wieder zu einer Zusammenarbeit zu bewegen scheiterten an der Weigerung der Regierung, die eingesperrten Kollegen aus der Gefangenschaft zu entlassen.[384] Die Regierung warb aber weiter um die Sympathien der Schriftsteller und hier insbesondere auch um jener der „volkstümlichen". So kritisierte die Regierung zum Beispiel ihre „Überbetonung der nationalen Eigenheiten" und ihre „Vernachlässigung des Internationalismus und des Klassenkampfes" lobte aber dennoch die Qualität ihrer Werke und ihre Wichtigkeit für das Volk.[385] Schrittweise konnte die Mehrheit der in Ungarn verbliebenen Schriftsteller wieder ins System und den im Jahre 1959 neu gegründeten Schriftstellerverband eingebunden werden. Als Gyula Illyés schließlich 1960 in einem Interview erklärte ein Sozialist zu sein, war er damit einer der letzten bedeutenden Schriftsteller, die sich bereiterklärten wieder mit dem System zu kooperieren.[386]

Die Wende

Die 1960er und 70er Jahre waren in Ungarn zwei Jahrzehnte des friedlichen Wachstums gewesen. Keine große Krise und kein Krieg erschütterten das Land und ein stabiles politisches System sorgte für den wachsenden Wohlstand der Bevölkerung. Es war eine Periode, die es in dieser Länge seit der Jahrhundertwende nicht mehr gegeben hatte. In den 1980er Jahren begann in Ungarn wie in allen „realsozialistischen" Staaten aber ein wirtschaftlicher Niedergang, der mit einem Aufleben des Widerstands gegen das herrschende System gepaart war. Zum Ende des Jahrzehnts wurde die ungarische Volksrepublik schließlich aufgelöst und durch die bürgerlich-demokratische Republik Ungarn ersetzt.

Die Gründe für die so genannte „Wende" in Ungarn und die Wichtigkeit der einzelnen Protagonisten ist bis heute Gegenstand wissenschaftlicher und vor allem politischer Kontroversen. Es ist jedoch wichtig auch dieses Ereignis in einem globalen Kontext zu sehen und einerseits die Rolle Ungarns nicht zu überschätzen, andererseits die Wichtigkeit Ungarns bei diesem Prozess auch nicht zu unterschätzen. Die Wurzeln jener Ereignisse die am Ende der 1980er Jahre zu einem Kollaps der so genannten „Volksdemokratien" führten, liegen in den 1970er Jahren. Das Ende des rasanten Wirtschaftswachstums nach dem Zweiten

Weltkrieg, die Verfügbarkeit von „günstigen" Krediten für die Staaten hinter dem „eisernen Vorhang",[387] eine Veränderung der kapitalistischen Wirtschaft, weg vom fordistischen Kapitalismus, hin zum neoliberalen Kapitalismus (besondere Bedeutung hatten hier Milton Friedman und der Militärputsch von Augusto Pinochet am 11. September 1973), die Entwicklung der Computertechnik und die Liberalisierung des Finanzsektors,[388] waren Entwicklungen die von der Planwirtschaft mit ihren starren Strukturen nicht bewältigt werden konnten.

Die Möglichkeit an (anfangs) günstige Kredite zu kommen, sowie die schlechte Wirtschaftslage führten im Laufe der 1970er und 80er Jahre zu einer immer größeren Staatsverschuldung in West wie Ost. Dies endete in einer Kreditfalle die das System nicht überlebte.[389] Die Kredite finanzierten in Ungarn Konsumgüter für die Bevölkerung, deren Lebensstandard dadurch ansteigen konnte. In den 80er Jahren stellte die Verschuldung aber schon ein großes Problem für viele Staaten dar und einige, wie zum Beispiel Polen, konnten ihre Schuldenlast nicht mehr finanzieren.[390] Hinzu kamen strukturelle Schwierigkeiten der ungarischen Wirtschaft. Industrieprodukte waren in der durch die Ölkrisen gebeutelten westlichen Wirtschaft nicht mehr so leicht absetzbar und verloren nicht nur massiv an Wert, sondern verteuerten sich auch deutlich in der Produktion.[391] Die osteuropäischen Staaten litten unter einer immer stärkeren Kapitalknappheit. Dadurch waren dringend notwendige Investitionen in den Wirtschaftsbereich, aber vor allem auch in den Bereich der Informationstechnologien nicht möglich.[392] Durch die Strukturen dieses Systems gab es auch im Unterschied zum Westen kein privates Investitionskapital.

Die Lage der westeuropäischen Staaten war nicht um vieles besser. Im Westen zerstörte der Umbau des kapitalistischen Systems einen Großteil der Großindustrie und damit die Lebensgrundlage des Industrieproletariats, was mit teils heftigen Arbeitskämpfen einherging (siehe die Regierungszeiten von Margaret Thatcher).[393] Um der starken Verschuldung entgegenzutreten, wurde mit den Privatisierungen von öffentlichen Gütern begonnen und marktwirtschaftliche Prinzipien auf Gebiete ausgedehnt, die vorher nicht Marktwirtschaftlich organisiert waren.[394] Darüber hinaus wurde der Dienstleistungssektor ausgebaut und dadurch neue Arbeitsplätze geschaffen. Dies war in den realsozialistischen Staaten (sogar nach weitreichenden Liberalisierungen und Wirtschaftsreformen) nicht möglich. Während also die Schuldenlast im Osten immer schlimmer wurde, hatte der Westen bestimmte Möglichkeiten, den sich aufbauenden Druck abzulassen.

Ab Mitte der 1980er Jahre wurden die wirtschaftlichen Probleme in ganz Osteuropa immer drückender, was zu einem Sinken des Lebensstandards und einem Ansteigen der Unzufriedenheit führte. Die Lage in Polen war angespannt und die sozialen Proteste mündeten in der Verhängung des Ausnahmezustands

(1981 - 1983). Auch in Rumänien war die wirtschaftliche und soziale Lage so schlecht, dass sogar die Versorgung mit Grundnahrungsmitteln teilweise zusammenbrach. Michail Gorbatschow, ab 1985 Generalsekretär der KPdSU, versuchte mit „Glasnost" und „Perestroika" den Realsozialismus zu reformieren,[395] konnte zu diesem Zeitpunkt die strukturellen Probleme des Systems aber nicht mehr ändern. Dies endete 1989 – 1990 mit der sogenannten „Wende", also der Umwandlung der realsozialistischen Planwirtschaften in kapitalistische Marktwirtschaften.

Die Rolle Ungarns bei der Wende war vor allem wegen der Vorreiterrolle in wirtschaftlichen und politischen Reformen bedeutend. Schon Jahre vor Gorbatschow hat Ungarn große Schritte zur Liberalisierung der Wirtschaft unternommen und zB. die Fixpreise bei Lebensmitteln aufgehoben, oder den Staatsbetrieben weiträumige Gestaltungsfreiheiten übertragen.[396] Die MSZMP [Ab 6. Oktober 1989 ihre Nachfolgerin MSZP (Magyar Szocialista Párt/Ungarische Sozialistische Partei)][397] war im Gegensatz zu den meisten anderen kommunistischen Block-Parteien aktiv an der Umgestaltung der Planwirtschaft in eine Marktwirtschaft und damit an der Wende beteiligt. Das zeigt sich besonders bei einer welthistorischen Geste am 27. Juni 1989, die mit dem Fall der Berliner Mauer verglichen werden kann. An diesem Tage schnitten der österreichische Außenminister Alois Mock und sein ungarischer Amtskollege Gyula Horn gemeinsam den Grenzzaun bei Ödenburg/Sopron auf, womit der „Eiserne Vorhang" symbolisch geöffnet wurde.[398] Diese Geste ist ein gutes Symbol für die ungarische Wende, die völlig gewaltlos und im institutionellen Rahmen verlief. Nach der Bildung von oppositionellen Parteien, fanden gemeinsame Gespräche (Gespräche am Runden Tisch) über den institutionellen Charakter der künftigen Republik Ungarn statt. Diese Gespräche endeten mit der Ausrufung der Republik Ungarn am 23. Oktober 1989.[399]

10. Neues System, neue Rechte

Das politische System nach der Wende, 1990 – 1994

Der Systemwechsel in Ungarn endete mit den ersten „freien" Wahlen am 25. März 1990, bei welcher die bürgerlich – konservative MDF (Magyar Demokrata Fórum/Ungarisches Demokratisches Forum) als Siegerin hervorging. Das detaillierte Ergebnis der ersten Wahlrunde Zeigt eine starke Dominanz bürgerlicher und liberaler Parteien und eine starke Niederlage für die Linke.[400]

Partei	1. Wahlgang	2. Wahlgang	Mandate
Magyar Demokrata Fórum (MDF)/ *Ungarisches Demokratisches Forum*	24.72%	42,48%	165
Szabad Demokraták Szövetsége (SZDSZ)/ *Bund Freier Demokraten*	21,40%	24,09%	93
Független Kisgazdapárt (FKgP)/ *Unabhängige Kleinlandwirtepartei*	11,74%	11,40%	44
Magyar Szocialista Párt (MSZP)/ *Ungarische Sozialistische Partei*	10,89%	8,55%	33
Fiatal Demokraták Szövetsége (Fidesz)/ *Bund Junger Demokraten*	8,95%	5,44%	21
Kereszténydemokrata Néppárt (KDNP)/ *Christlichsoziale Volkspartei*	6,46%	5,44%	21
Magyar Szocialista Munkáspárt (MSZMP)/ *Ungarische Sozialistische Arbeiterpartei*	3,68%	-	-
Magyarországi Szociáldemokrata Párt (MSZDP)/ *Ungarische Sozialdemokratische Partei*	3,55%	-	-
Agrárszövetség (ASZ)/ *Agrarbund*	3,14%	0,26%	2
Andere			8

Gleich nach der offiziellen Staatsneugründung und im Vorfeld der Wahlen, kam es zwischen der MSZP, die aus der alten Systempartei hervorgegangen war und den neuen Parteien zu starken Konflikten wegen einer Volksabstimmung, bei der es in erster Linie um die Wahl des Staatspräsidenten ging. Die MSZP hätte bei einer Wahl des Präsidenten noch vor den Parlamentswahlen gute Chancen auf einen Sieg gehabt. Dies wollten die vormaligen Oppositionsparteien jedenfalls verhindern und konnten in einer Volksabstimmung eine Verschiebung durchsetzen. So kam es zwischen der Staatsgründung und der Volksabstimmung am 16. November 1989 zu einer ersten großen antikommunistischen Hetzkampagne. Trägerinnen dieser Kampagne waren die (damals noch liberalen Parteien) SZDSZ und Fidesz, denen sich aber auch die Sozialdemokraten und die Kleinlandwirte anschlossen.[401] Die MDF als größte Partei enthielt sich der Abstimmung da sie sich die Zusammenarbeit mit der MSZP nicht verbauen wollte, mit welcher sie bereits konstruktiv am Umbau Ungarns zu einer Marktwirtschaft zusammengearbeitet hatte. Die kleineren Oppositionsparteien hatten das Ziel, sich durch eine radikal-antikommunistische Kampagne zu profilieren, was ihnen durch das hauchdünne Ergebnis von 50,07% für eine Aufschiebung der Präsidentenwahl auch gelang.[402] Mit diesem Ergebnis war die MSZP nachhaltig geschwächt und musste bis zu den Wahlen im Frühjahr 1990, große Stimmenverluste hinnehmen, während vor allem die SZDSZ ihre Zustimmungswerte stark ausbauen konnte. Nach diesem Ergebnis stieg auch die MDF in die antikommunistische Kampagne ein und kämpfte mit den anderen Parteien um den Titel des „radikalsten Antikommunisten".[403]

Viktor Orbán, der spätere Ministerpräsident, fiel schon bei dieser Kampagne durch seine radikale Rhetorik auf und konnte damit sein Profil schärfen.[404] Die MSZP, als Verliererin dieser Kampagne, war durch die Intensität der Angriffe tief getroffen und fühlte sich wegen ihrer wichtigen Rolle beim friedlichen Übergang ungerecht behandelt.[405] Diese frühe Kampagne hat mit Sicherheit bereits ganz früh zu einer starken Missstimmung der politischen Lager geführt und sie kann als Saat jenes Hasses gesehen werden, der heute in der ungarischen Politik vorherrscht. Ein weiterer Grund für die unversöhnlichen Positionen der zwei Lager ist das Trauma der Rechten, welches dadurch hervorgerufen wurde, dass der Realsozialismus nicht durch sie gestürzt wurde, sondern die herrschende Partei für den friedlichen Wandel sorgte.

Die erste demokratisch gewählte Regierung bildete das Ungarische Demokratische Forum (MDP) mit der Christlichsozialen Volkspartei (KDNP) und der Partei der Kleinlandwirte (FKGP), welche aber bereits 1992 aus der Koalition ausstieg. Diese Periode von 1990 bis 1994 war von massiven wirtschaftlichen und sozialen Schwierigkeiten geprägt. Privatisierungen (und die damit verbundene starke Korruption), ein explosionsartiger Anstieg der Arbeitslosigkeit, der Kriminalität, der Drogensucht, der Inflation und der Staatsverschuldung, ein Absinken der Produktion, ein Absinken der Pensionen und ein massiver Reallohnverlust,[406] ließen die Menschen früh erkennen, dass entgegen der weit verbreiteten Meinung, im Kapitalismus nicht nur Milch und Honig fließen. Es gab aber auch gute Entwicklungen in diesen Tagen: der Alkoholkonsum und die Suizidrate sanken leicht, wobei Ungarn bei Zweiterem immer noch an der weltweit fünften Stelle stand.[407] Es stiegen auch die Investitionen in Bildungseinrichtungen aller Stufen, was zu einem Ausbau des Schul- und Hochschulwesens führte.[408]

Die Wahlen von 1994 waren von der Frustration der Bevölkerung geprägt. Vor allem für bildungsferne Schichten kam die Ernüchterung in Bezug auf den Kapitalismus früh und nur wenige sahen für sich und den Staat eine positive Zukunft.[409] Profitieren konnte von dieser „Nostalgiestimmung" die MSZP, welche die Wahlen von 1994 gewann und mit der ebenfalls erstarkten liberalen SZDSZ eine Koalition bilden sollte. Die MDF verlor stark an Zustimmung und konnte sich von diesem Verlust auch nie wieder erholen.[410] Der Machtverlust der MDF bei den Wahlen von 1994 ist nicht nur der allgemeinen Stimmung zu verdanken, sondern auch ihrer Selbstzerstörung durch den Parteiausschluss des Rechtsextremisten István Csurka, der ein Gründungsmitglied des MDF war und in dessen Präsidium saß. Er gründete daraufhin die rechtsextreme Partei MIÉP (Magyar Igazság és Élet Pártja/Ungarische Wahrheits- und Lebenspartei).

Rechtsextremismus nach der Wende

In den ersten vier Jahren nach der Wende, tauchte neben anderen politischen Richtungen auch der Rechtsextremismus wieder in Ungarn auf. In institutioneller Form waren die Rechtsextremisten hauptsächlich in zwei Parteien vertreten, der Unabhängigen Kleinbauernpartei (FKGP) und der Ungarischen Wahrheits- und Lebenspartei (MIÉP). Daneben existierte ein breites Spektrum von rechtsextremen Organisationen: einige Verbände der Veteranen des Aufstandes von 1956, rechtsradikale Jugendorganisationen, neonazistische Kleinstparteien, oder lose aber sehr gewalttätige Skinheadgruppen (neonazistische Gewalt führte in den 90 -ern zu mehreren Toten und einer angezündeten Synagoge).

Von besonderer Bedeutung für den ungarischen Rechtsextremismus der 1990er Jahre war die MIÉP von István Csurka, die 1998 als dezidiert rechtsextreme Partei ins Parlament kommen sollte. Die Wurzeln dieser Partei, wie dessen Führers, liegen in der „bürgerlichen" MDF. Das MDF hatte versucht sich nach der Wende als eine bürgerlich-konservative Partei zu präsentieren. Diese Optik störte jedoch István Csuka's 1992 erschienenes rechtsextremes „Manifest", mit dem Titel: „Néhány Gondolat…" (Einige Gedanken). Der Text war eine Zusammenfassung des Csurka'schen Weltbildes, in dem unter anderem davon ausgegangen wurde, dass die Wende bloß die Ablösung der jüdisch - bolschewistischen Nomenklatur war, die Ungarn davor beherrschte.[411] Dieser Text führte zu starken Auseinandersetzungen innerhalb und außerhalb der Partei, was schließlich zum Ausschluss Csurkas führte. Dieser hatte schon davor den rechtsextremen Rand der MDF um sich gesammelt, mit dem er nach seinem Rausschmiss im Jahre 1993 seine Rechtspartei gründete.

Die MIÉP gilt als erste bedeutende rechtsextreme Partei Ungarns nach der Wende. Ihr Vorsitzender, der Autor und bekennende Antisemit István Csurka gehörte zu den bekanntesten politischen Persönlichkeiten des Landes und gab unter anderem die Wochenzeitung „Magyar Fórum" (Ungarisches Forum)[412] heraus. Er gehörte zu den wichtigsten Personen bei der Herausbildung der antikommunistischen Opposition am Ende der 1980er Jahre und war Gründungsmitglied des MDF. Vor der Wende kämpfte Csurka im Aufstand 1956, saß für kurze Zeit in Haft, war danach ein sehr erfolgreicher Autor und Schriftsteller, unterschrieb eine Erklärung zur Zusammenarbeit mit dem Geheimdienst und bewegte sich unter anderem in den Kreisen von László Németh und Gyula Illyés.[413] Seit Ende der 1980er Jahre saß er im Parteipräsidium der MDF, wo er sogar bis zum Vizepräsidenten aufsteigen konnte.

Nach der Parteigründung versuchte die MIÉP erfolglos bei den Parlamentswahlen 1994 ins Parlament zu kommen, schaffte dies aber dafür bei den Parlamentswahlen im Jahre 1998 mit 5,45% der Stimmen und 14 Abgeordneten[414]. Bedeutend war die MIÉP als Sammelbecken für Rechtsextremisten jeder Art, unter anderem der „Vereinigung der 56-er Antifaschisten und Antikommunisten", die als Sammelorganisation von rechtsextremen 56er Veteranen, laut Eigendefinition zu 99% hinter Csurka standen.[415]

Die 56-er Veteranen spielten nicht nur als geistige Unterstützung eine wichtige Rolle für die rechtsextreme Szene, sondern auch als finanzielle Unterstützer. Die neue Regierung gewährte den Veteranen teilweise sehr hohe Zuschüsse und das Innenministerium stellte auch Räumlichkeiten zu Verfügung, die in weiterer Folge auch zu Treffpunkten der Skinhead/Neonazi/Altnazi-Szene werden sollten.[416] So konnte die MIÉP über die 56 –er einen Teil der Skinhead– Szene an sich binden, während ein Teil von der Kleinlandwirtepartei (FKGP) vereinnahmt wurde.[417] Neben diesen Parteien pflegten aber auch einzelne Abgeordnete des MDF gute Kontakte zur rechtsextremen Szene, insbesondere vor der Abspaltung der MIÉP.[418] Die im Ausland lebenden ehemaligen Pfeilkreuzler nutzten zwar die Gelegenheit wieder nach Ungarn reisen zu dürfen, konnten aber nicht die Themenführerschaft in der rechtsextremen Szene übernehmen und organisierten sich in relativ kleinen, aber sehr radikalen Gruppierungen.

Die rechtsextreme Szene zu Beginn der 1990er Jahre war sehr inhomogen und reichte von gewalttätigen Skinhead-Banden über die Mittelschicht, bis zu Intellektuellen und Personen im fortgeschrittenen Alter. Die meisten politisch aktiven Rechtsextremisten waren zu dieser Zeit in einer Vielzahl von Gruppierungen und Parteien organisiert, die zwar meistens eine gute Zusammenarbeit pflegten, sich aber dennoch nicht zu einer gemeinsamen großen Partei vereinigen konnten. Dazu fehlten einerseits die passenden Führungspersönlichkeiten und andererseits auch die Unterstützung in der Bevölkerung.

Ein beherrschendes Thema des ungarischen Rechtsextremismus zu Beginn der 1990er Jahre war die Wende. Diese war nach Meinung der Rechtsradikalen unvollständig, da noch zahlreiche führende Persönlichkeiten aus dem alten System weiter hohe staatliche Positionen bekleideten und es auch keine großen Verfahren gegen die führenden Persönlichkeiten aus der Zeit des Realsozialismus gegeben hat. Hinzu kam, dass das alte System (nach Csurkas Manifest) von Juden geleitet wurde und nach dieser Logik die Juden das neue System ebenfalls leiteten. Diese Juden nannte Csurka die „Liberalbolschewiken".[419] Neben den Juden und sporadisch den Roma (diese gewinnen erst mit der Jobbik an Bedeutung), waren vor allem Ministerpräsident József Antall, der größte Rivale Csurkas, sowie Staatspräsident Árpád Göncz Zielscheiben für rechtsextreme Hetze.

1994 – 2006 wechselnde Regierungen, gleichbleibende Politik

Die Periode von 1990 bis 2006 (Die Wahlen im Jahre 2006 nicht mitgerechnet), war von einem Wechsel der Parlamentsmehrheit in jeder Legislaturperiode gekennzeichnet, wobei sich stets konservative und links-liberale Parteien ablösten. So regierten von 1990-1994 konservative Parteien unter der Führung des MDF, von 1994-1998 die „sozialistische" MSZP mit der liberalen SZDSZ von 1998-2002 die (damals) konservative Fidesz (offiziell mit dem Zusatz MPP *Magyar Polgári Párt* (Ungarische Bürgerliche Partei)) mit der rechten Kleinlandwirtepartei und dem MDF und von 2002 bis 2006 die MSZP mit dem SZDSZ[420].

Die Wahlen von 1994 waren geprägt vom Verlust der konservativen Parlamentsmehrheit und dem Auseinanderfallen des MDF. Zum ersten Mal nach der Wende konnte die Sozialistische Partei (MSZP) mit der liberalen SZDSZ eine Regierung bilden. Zusammen hatte diese Regierung rund 72% der Parlamentsmandate[421] und ihr Zustandekommen überraschte viele Menschen, waren sich diese Parteien doch nach der Wende im Streit um die kommunistische Vergangenheit der MSZP am unversöhnlichsten gegenübergestanden. Die SZDSZ büßte daher auch einen großen Teil ihrer antikommunistischen Wählerschaft ein und schrumpfte innerhalb von 4 Jahren von 27% auf 6%.[422] Die Kleinlandwirtepartei, die in dieser Periode stark vom Zusammenbruch des MDF profitieren konnte, verlor kurz vor den Wahlen im Jahre 1998 ebenfalls massiv. Dies ermöglichte unter anderem den rasanten Stimmenzuwachs der Fidesz. An der (neoliberalen) Politik der Regierung änderte sich wenig, sie war von Privatisierungen aber auch von etwas besseren Wirtschaftsdaten im Bereich des BIP und der Arbeitslosigkeit gekennzeichnet.[423]

Bei den Wahlen von 1998 wurde die Regierungskoalition abgewählt. Im rechten Lager begann der Aufstieg der Fidesz und ein einmaliges parlamentarisches Gastspiel der MIÉP. Ihren Aufstieg verdankte die Fidesz dem Zusammenbruch der zwei großen antikommunistischen Wendeparteien.[424] Im Unterschied zu MDF und SZDSZ konnte die Fidesz aber ihre Stimmen in den folgenden Wahlen immer ungefähr halten und sich als zweite Großpartei neben den Sozialisten etablieren. Das verdankten sie einerseits der inneren Stabilität (es gab keine Spaltung), andererseits ihrer Fundamentalopposition zur MSZP (die antikommunistischen Wähler wurden nicht enttäuscht). Dieses Wachstum veränderte aber auch die Fidesz und ließ sie von einer liberal- bürgerlichen Position immer weiter nach rechts rücken. Die Politik der ersten Fidesz Regierung war geprägt vom Beitritt zur NATO (1999) und einem verstärkten Fokus auf die ungarischen Minderheiten in den angrenzenden Staaten. So legt Viktor Orbán seit dieser Zeit einen besonderen Wert auf die Minderheitenpolitik und besucht zum Beispiel bis zur Gegenwart, jährlich Jugendlager in Siebenbürgen.[425]

Bei den Wahlen 2002 konnte die MSZP mit der SZDSZ wieder die Mandatsmehrheit im Parlament holen und eine Regierung bilden. Nachdem die Kleinlandwirtepartei und die MIÉP wieder von der Bildfläche verschwanden, blieben überdies nur 4 Parteien im Parlament. Dieses Parteiensterben kostete die konservative Parlamentsmehrheit, obwohl das Parteienbündnis aus Fidesz und MDF beim zweiten Wahlgang mehr Stimmen erreichen konnte, als die MSZP. Diese konnte nämlich mit den zusätzlichen Stimmen der SZDSZ eine knappe Regierung bilden. In diese Legislaturperiode fiel der EU Beitritt Ungarns am 1. Mai 2004.[426] Ab September 2004 leitete der Unternehmer und Millionär Ferenc Gyurcsány die Regierung. Die Wirtschaftspolitik dieser Regierung war wie jene der Vorgängerregierung, von weiteren Privatisierungen und Einsparungen im Sozialsystem geprägt. Da sich aber bis zum EU Beitritt die wirtschaftliche Situation Ungarns stark gebessert und sich die Bevölkerung mittlerweile an die Regeln der Marktwirtschaft gewöhnt hatte, waren die Reaktionen der Menschen auf diese Veränderungen nicht mehr so stark wie zu Beginn der 1990er Jahre.

Es sollte in diesem Zusammenhang auch kurz auf das ungarische Wahlrecht eingegangen werden, welches eine Mischung aus der deutschen „personalisierten Verhältniswahl" und einem Mehrheitswahlsystem ist. Es ist ein im Vergleich zur Verhältniswahl sehr kompliziertes System mit zwei Wahlgängen und einer Bevorzugung von regionalen Kandidaten aber auch einer eindeutigen Bevorzugung der stimmenstärksten Partei, zulasten der Schwächeren.

Was den Rechtsextremismus und den Nationalismus dieser Periode angeht, war im Vergleich zu den Jahren direkt nach der Wende, ein Abnehmen der körperlichen Gewalt bemerkbar. Andererseits institutionalisierte sich auch der Rechtsradikalismus und rückte in die Mitte der Gesellschaft vor, wo er schon 2002, aber spätestens ab 2006 auch bei der Fidesz und vor allem dessen Parteinahen Zeitungen ganz offen zum Vorschein kam. Bereits 1997 bezeichnete Viktor Orbán die Regierung Horn als „fremdherzig"[427] was eine im Ungarischen allseits bekannte antisemitische Bezeichnung für jüdisch ist. Dies sollte nicht der einzige Kommentar dieser Art bleiben, direkter wurden aber die von Orbán eingesetzten oder parteinahen Journalisten in den Medien, die sich auch schon mal gerne über die jüdischen Bankiers an der Ostküste der USA unterhielten, oder den 11. September verteidigten.[428] Der autoritäre Führungsstil Orbáns, aber auch seine Postenbesetzungen in den Medien und der Justiz verstärkten diesen Trend nur und spalteten die Gesellschaft noch tiefer.

Die radikale Rechte in der Periode 1998 - 2006

Es gab einige nationalistische Schlüsselereignisse der Periode 1998 - 2006, wobei rückblickend drei besonders wichtig waren. Erstens der Einzug der MIÉP ins Parlament nach den Wahlen von 1998, zweitens die Niederlage der Fidesz bei den Parlamentswahlen von 2002 und drittens die Gründung der Jobbik im Jahre 2003.

Bei den Parlamentswahlen von 1998 schaffte die MIÉP von Istvan Csurka den Einzug ins Parlament sodass sie vier Jahre lang aus dem Parlament und mit finanzieller Unterstützung des Staates propagandistisch tätig sein konnte. Gleichzeitig war die Kleinlandwirtepartei (FKGP) unter József Torgyán nicht nur im Parlament, sondern ab 1998 auch in der Regierung vertreten. Diese Partei war zwar nicht per- se rechtsextrem, duldete aber bis 1995 Skinheads in ihren Strukturen und vertrat rechtspopulistische Positionen.[429] Nachdem die Kleinbauern nach 2001 aufgrund von Korruptionsskandalen, von über 10% der Wählerstimmen auf unter 1% zusammenschrumpften, konnte in weiterer Folge die Fidesz einen Großteil ihrer Wählerschaften übernehmen und damit den letzten ernstzunehmende „bürgerlichen" Konkurrenten loswerden. Seit dieser Zeit verstand sich die Fidesz als einzig – verbliebene bürgerliche Partei, die alle ihre Konkurrenten entweder in sich aufgenommen, oder stark an sich gebunden hatte (so das MDF und die KDNP). Obwohl die MIÉP der Fidesz nach dem Kollaps der FKGP öfter als Mehrheitsbeschafferin diente,[430] war sie nicht offiziell Teil der Regierung und Orbán distanzierte sich offiziell von ihr.

Die knappe Niederlage der Fidesz bei den Parlamentswahlen 2002 führte zu einer Situation, wie sie in europäischen Demokratien sonst nicht vorkommt. Viktor Orbán war nicht bereit das Wahlergebnis anzuerkennen und mobilisierte die Straßen gegen die neue Regierung. Dies war eine Zäsur in der ungarischen Politik und sollte die Weichen für die Vorkommnisse im Jahre 2006 stellen. Mit dem Satz „ Die Heimat kann nicht (niemals) in der Opposition sein!" (..a haza soha nem lehet ellenzékben.)[431] sollte er nicht nur einen passenden Satz für seine zukünftigen Wahlkampagnen gefunden haben (später sagte er, „die Nation könne nicht in der Opposition sein") sondern stellte auch die Demokratie und den Parlamentarismus in Frage. Neben den Massendemonstrationen wurden auch so genannte „Bürgerkreise" (polgári körök) eingerichtet. Das von Orbán für diese Kreise vorgegebene Motto war „Bereitschaft und Bewegung, wenn die Zeit kommt" (készenlét és mozdulás, ha eljön az idő).[432] Mit diesen außerparlamentarischen Zirkeln verfolgte Orbán nicht bloß den Zweck die Regierung mit einer Art „Schattenregierung" unter Druck zu setzen, sie wurden auch zum Versuch genutzt, weitere Teile des rechten politischen Spektrums an die Fidesz zu binden.[433] So befand sich im Bürgerkreis Orbáns, ein aufstrebender junger Studentenpolitiker mit dem Namen Gábor Vona,[434] der bereits ein Jahr später Vorsitzender der neu gegründeten rechtsextremen Partei „Jobbik" (Die Besseren/Die Rechteren) sein sollte. Es gelang der Fidesz nicht, die rechtsextremen Kräfte an sich zu binden, vielmehr profitierten rechtsextremistische Kräfte vom Rechtsruck in der größten Oppositionspartei des Landes und der antidemokratischen Stimmung, die seitdem in den „bürgerlichen" Medien verbreitet wurde. Einen weiteren Beitrag zum Rechtsruck im Land lieferte auch das von der Fidesz - Regierung gegründete „Haus des Terrors" (Terror Háza), welches ein unreflektiertes Geschichtsbild vermittelt und nicht nur die kommunistische Diktatur mit der nationalsozialistischen vergleicht, sondern auch noch dem Ausland die alleinige Schuld an den Verbrechen beider Regime zuschiebt.[435]

Mit der Gründung der „Jobbik" im Jahre 2003, begann eine neue Ära in der ungarischen Politik. Zum ersten Mal seit dem Zweiten Weltkrieg, formierte sich im Land eine militant – rechtsextreme Gruppierung von bedeutender Größe. Die aus einer Studentenbewegung entstandene Gruppierung bestand zwischen 2007 und 2009 aus zwei Teilen, einerseits dem politischen Arm, also der 2003 gegründeten Partei, andererseits aus der 2007 gegründeten und 2009 verbotenen „Ungarischen Garde" (Magyar Gárda), einer paramilitärischen Vereinigung, deren Uniformen von jenen der Pfeilkreuzler abgeleitet war und die mit militärischen Aufmärschen, unter anderem in Roma- Siedlungen, Angst und Schrecken verbreitete. Die Jobbik vertritt eine offen revisionistische und irredentistische Politik (u.a Forderung nach der „Wiedererrichtung" von Groß- Ungarn). Sie vertritt die „Lehre der Heiligen Krone" nach welcher sie das Land neu organisieren möchte[436] und ihr Motto lautet „Adjon az Isten – Szebb jövőt!" („Gott gebe eine schönere Zukunft", manchmal sogar mit dem Zusatz „Az igazság szabaddá tesz" - „Wahrheit macht Frei") was auch das Motto der Levente- Jugend war, die in der Zeit von Miklós Horthy parallel zur Hitlerjugend existierte. Kreuz und christlicher Glaube spielen in der Jobbik eine wichtige Rolle, aber auch Neuheidentum ist weit verbreitet. Miklós Horthy wird verehrt und als „Opfer der deutschen Politik" betrachtet. Eine der wichtigsten politischen Thematiken der Jobbik ist die so genannte „Zigeunerkriminalität", die unter anderem von Antisemitismus, Antikommunismus und Antiamerikanismus ergänzt wird.

Ein gutes Beispiel für das Stimmungsbild in dieser Zeit bietet der Schriftsteller und Literaturnobelpreisträger Imre Kertész. Als dieser im Jahre 2002 den Literaturnobelpreis erhielt,[437] gab es in Ungarn nicht nur Freude über diese Verleihung. Dass nämlich ein Holocaustüberlebender jüdischer Abstammung, einen solchen Preis für die Schilderung seiner Erlebnisse in den Vernichtungslagern bekommt, entsprach den Vorstellungen vieler Ungarn überhaupt nicht. Die Tatsache, dass Kertész seit dem Jahr 2000 in Berlin lebt und nicht nach Budapest zurückkehren möchte, bestätigt die antisemitischen Vorurteile der rechtsextremen ungarischen Bevölkerung. Aufsehen erregte in diesem Zusammenhang auch ein Interview welches der Autor der deutschen Tageszeitung „Die Welt" am 7. November 2009 gegeben hat.[438] In diesem malt Kertész ein düsteres Bild von der damaligen Situation in Ungarn und äußerst sich sehr kritisch über die vorherrschende Stimmung und Mentalität. Mit diesem Kommentar löste er in Ungarn eine breite Debatte aus und wurde quer durch die politische Landschaft von den Medien kritisiert.[439] Die rechtsextreme Nachrichtenseite kuruc.info, ihres Zeichens Sprachrohr des ungarischen Rechtsextremismus, setzte daraufhin eine (im Internet heftig diskutierte) Falschmeldung und Parodie in die Welt, wonach Kertész der Nobelpreis wieder aberkannt und „richtigen" Ungarn zuerkannt wurde.[440] Kertész wurde und wird in den ungarischen Medien stark angefeindet und antisemitisch beschimpft, sodass er wohl aus Berlin nicht mehr nach Budapest zurückkehren wird. Wie schlimm die Lage in Ungarn ist, zeigt wohl die Tatsache, dass sich ein Opfer der Nazis ausgerechnet Berlin als seinen Alterswohnsitz aussucht.

Die Wahlen 2006 und deren Folgen

Nachdem es bis zu den Wahlen im Jahre 2006 alle 4 Jahre einen Wechsel der Mehrheitsverhältnisse im Parlament gegeben hat, rechnete die Fidesz aufgrund ihrer knappen Niederlage bei den Wahlen 2002 und ihrer jahrelangen gnadenlosen Medienkampagne gegen die Regierung, mit einem Wahlsieg bei den Wahlen im April 2006. Es geschah aber etwas unvorhergesehenes, die MSZP konnte wieder knapp die Wahlen gewinnen und mit der SZDSZ eine Regierung bilden. Die Jobbik kandidierte bei den Parlamentswahlen von 2006 in einem Wahlbündnis mit der MIÉP, welches beim ersten Wahlgang lediglich 2.2% der Stimmen gewinnen konnte.[441] Nach den Wahlen blieben neben den Regierungsparteien SZDSZ und MSZP nur noch zwei Parteien im Parlament, das stark geschwächte MDF und die Fidesz - KDNP.

Der erneute Wahlsieg der links-liberalen Parteien erschütterte die Grundfesten des nationalen Lagers und führte zu einer erneuten Weigerung Viktor Orbáns, das Wahlergebnis und die Regierung anzuerkennen. Schon wieder „konnte die Nation nicht in der Opposition" sein und schon wieder wurden Straße und Medien gegen die Regierung mobilisiert. Nach Jahren der nationalistischen antidemokratischen Propaganda fiel dieses Verhalten auf einen fruchtbaren Boden, wie sich an den Unruhen im Herbst 2006 zeigen sollte.

Am 17. September 2006 wurde der Mitschnitt einer Rede von Ministerpräsident Gyurcsány veröffentlicht. Dieser Mitschnitt stammte von einer internen Besprechung und enthielt die Aussage die Bevölkerung belogen zu haben, mit dem Ziel seine Parteikollegen zu mobilisieren. Daraufhin forderte er seine Parteikollegen dazu auf sich ab sofort mehr anzustrengen. In Budapest begannen sofort große und zuerst friedliche Kundgebungen gegen die Regierung.[442] Innerhalb eines Tages wuchs die Protestkundgebung zu einer Protestbewegung heran die am Kossuth Platz vor dem Parlament campierte und den Rücktritt der Regierung forderte. Von Anfang an nutzte und beteiligte sich die Fidesz an diesen Kundgebungen um Druck auf die Regierung auszuüben und sie zum Rücktritt zu zwingen. Am 18. September verfassten die anwesenden Menschen eine politische Erklärung, die sie am Abend im Staatsfernsehen verlesen wollten. Zu diesem Zweck bildete sich ein Protestzug in Richtung des Freiheitsplatzes auf dem sich der Hauptsitz des ungarischen Staatsfernsehens befindet. Dort angekommen kam es bei dem Versuch das Fernsehgebäude gewaltsam zu besetzen zu heftigsten Ausschreitungen mit der Polizei. Bei den gewalttätigen Ausschreitungen wurden Autos angezündet, Türen aufgebrochen, Einrichtungsgegenstände aus den Fenstern geworfen, mit Steinen geworfen, kurz: randaliert.

Als einen der Rädelsführer bei den Ausschreitungen identifizierte die Presse László Toroczkai, den Führer der rechtsextremistischen Jugendorganisation „Hatvannégy Vármegye" (64. Komitate), Er soll die Idee mit dem Protestzug zum Fernsehsender gehabt haben und sich auch aktiv an den Ausschreitungen beteiligt haben. Als Dank dafür wurde ihm in den Fidesz – nahen Medien seitenweise Platz eingeräumt auf denen er seine Sicht der Dinge und seine politischen Ideen darlegen konnte.[443] Ebenfalls sehr engagiert bei den Ausschreitungen war der Nachrichtensender HírTV, Haussender der Fidesz. Er konnte als einziger Fernsehsender völlig ungestört durch die gewaltsamen Randalierer aus der Mitte der Ausschreitungen berichten. Dabei nimmt der Sender eine solidarische Haltung gegenüber den Randalierern ein. Die Kritik der Qualitätsmedien gegenüber diesem Verhalten wird später mit dem üblichen Verweis auf „links - liberalen Hetze" abgetan.[444] Die Fidesz nimmt aber nicht nur unterstützend an den Ausschreitunen Teil. Goró Oszkár, der stellvertretende Vorsitzende der Parteijugend Fidelitas und Fraktionsführer aus dem 15. Budapester Bezirk wird beim Werfen von Steinen auf Fernsehgebäude und Polizei identifiziert und daraufhin aus der Partei ausgeschlossen.[445] Generell distanzieren sich alle im Parlament vertretenen Parteien von den Ausschreitungen, was die Fidesz aber nicht daran hindert, Rechtsextremisten in ihren Medien eine Plattform zu bieten.

Die Proteste auf dem Kossuth - Platz gehen weiter und die Bewegung nimmt mit der Zeit einen immer rechtsradikaleren Charakter an. In den Wochen nach den Krawallen trifft man sich am Kossuth Platz und bereitet sich auf die Feiern zum 50 Jahres - Jubiläum des Aufstandes von 1956 vor, dessen Gedenken man nicht der Regierung überlassen will. Die Fidesz zeigt kein Interesse, sich von den immer radikaleren Ideen und Personen ernsthaft abgrenzen zu wollen. Mehrere hochrangige Fidesz – Politiker, unter anderem der spätere Staatspräsident und damalige Vize- Parteichef der Fidesz, Pál Schmitt, lassen es sich nicht nehmen auf der gleichen Bühne aufzutreten wie Antisemiten und Rechtsradikale aus ganz Europa.[446] Auf der gleichen Bühne, auf der zum Beispiel die Namen aller angeblich jüdischen Parlamentarier verlesen und auch ständig rechtsextreme Symbole wie die Arpadenflagge benutzt werden.

Die Zeit nach den ersten Ausschreitungen verläuft relativ friedlich. Dies ändert sich jedoch mit dem 23. Oktober 2006. An diesem Tag begeht die Regierung den Jahrestag Revolution von 1956, wozu zahlreiche internationale Gäste nach Budapest eingeladen werden. Für die Fidesz ist die Tatsache dass die Nachfolgepartei der kommunistischen Arbeiterpartei diese Feierlichkeiten anführt, nicht hinnehmbar. Sie ruft daher zu friedlichen Protesten im Zentrum von Budapest auf, an denen sich schließlich Zehntausende beteiligen werden.

Die gewalttätige Rhetorik und die Gewalterfahrungen der letzten Jahre, ließen aber auch eine große Gruppe an gewaltbereiten Rechtsextremisten entstehen, die nicht mehr bereit waren die Regierung friedlich zu bekämpfen. Sie träumten bereits von einer (nationalen) Revolution[447] und probten an diesem Tag den Aufstand. Rechtsextremisten und Polizei lieferten sich an mehreren Orten der Stadt Straßenkämpfe, in deren Rahmen unter anderem, ein zu Dekorationszwecken abgestellter Panzer wieder in Betrieb genommen und gegen die Polizei eingesetzt wurde.[448] Diese Aktion wurde anscheinend tagelang geplant, da der Panzer als Ausstellungsstück an sich fahruntüchtig gewesen war. Die Rechtsradikalen errichteten Barrikaden und gingen gewaltsam gegen die Polizei vor.

Die Polizei war bei der Auswahl ihrer Mittel auch nicht zimperlich und setzte gegen die Demonstranten unter anderem Wasserwerfer, Gummigeschoße, Schlagstöcke und berittene Polizei ein. Viele Polizisten waren darüber hinaus nicht durch Namen oder Dienstnummern identifizierbar. Problematisch wurde die Angelegenheit spätestens dann, als sich die gewalttätigen Randalierer mit den weitgehend friedlichen Demonstranten der Fidesz vermischten und die Polizei auch gegen diese Personen brutal vorging. Bis in die späten Nachtstunden und auch in den darauffolgenden Nächten gab es daraufhin gewalttätige Zusammenstöße, Barrikaden und Polizeikessel in der ganzen Stadt.[449]

Was auf diese Ausschreitungen folgte, war eine rechte Medienkampagne bisher ungekannter Größe, die sich gegen den „Polizeiterror" richtete. Vergleiche zwischen der realsozialistischen Diktatur und der Niederschlagung des Aufstandes von 1956 wurden hergestellt. Gewalttätige Rechtsextremisten wurden als Helden dargestellt und unschuldige Opfer der Polizeigewalt als Märtyrer. Die Regierung wurde erfolgreich mit der diktatorischen Vergangenheit in Verbindung gebracht und geriet nach vielen Fotos von zum Teil schwer verletzten Demonstranten in die Defensive. Die Fidesz war sich ihres Sieges bereits sicher, als ihnen die Jobbik dazwischenkam. Sie konnte von der Ereignissen und der Medienkampagne um den 23. Oktober am meisten profitieren und wuchs innerhalb weniger Monate von einer unbedeutenden Kleinpartei, zu einer Großpartei im zweistelligen Bereich heran. Sie konnte sich als die nationalistischere Alternative zur Fidesz etablieren und brachte damit den Plan Orbáns zum Scheitern, der mit seiner Partei, zumindest im rechten politischen Spektrum, alles abdecken wollte. Dazu war seine Partei aber noch zu bürgerlich und die seit Jahren mit rechter Ideologie indoktrinierten Menschen gingen wie so oft in der Geschichte zum Schmied, anstatt zum Schmiedl.

Was die Beurteilung der Umstände angeht, die dazu führten, dass die Polizei excessive Gewalt auch gegen friedliche Demonstranten einsetzte, gehen die Meinungen wenig überraschender Weise weit auseinander. Während von rechter Seite davon geredet wird, dass die Polizei die gewalttätige Demonstration in die friedliche hineindrängt und ihr damit eine „satanische Falle" gestellt hat.[450] Reden andere Quellen von einem freiwilligen Rückzug der gewaltbereiten Demonstranten in die große Menge der Fidesz – Anhänger, um dort unerkannt untertauchen zu können.[451] Es gibt sogar Stimmen die behaupten, dass auch die gewaltbereite Demonstration unter der Kontrolle der Fidesz stand. Vermutungen in dieser Richtung wurden angestellt, nachdem auf Wikileaks Dokumente aus der amerikanischen Botschaft aufgetaucht sind, die auf einen Zusammenhang Orbáns zu gewaltbereiten Demonstranten hindeuten.[452] Jedenfalls ist eines sicher: Der Ordnerdienst der Fidesz, hat ihre Demonstration nicht ausreichend davor geschützt, von gewaltbereiten Demonstranten unterwandert zu werden.

Von Herbst 2006 bis zu den Wahlen 2010

Die Periode von den Ausschreitungen im Herbst 2006, bis zu den Wahlen im April 2010, war einerseits von der Schwäche und dem Machtverlust der Regierung und andererseits vom Zuwachs rechten und rechtsextremen Gedankenguts gekennzeichnet. In dieser Periode konnte die Fidesz ihre Stimmenanteile in der

Bevölkerung massiv ausbauen, musste aber auch erkennen, dass ihr die Jobbik den Wind aus den Segeln zu nehmen droht.

Nach der „Lügen Rede" und den Ausschreitungen des Jahres 2006, befand sich die Regierung aus MSZP und SZDSZ in einer sehr schwierigen Situation. Ihre Beliebtheitswerte waren sehr tief gesunken und Meinungsumfragen wie lokale und EU Wahlen offenbarten die starken Stimmenzuwächse für Fidesz und Jobbik. Hinzu kam die schlechte wirtschaftliche Lage, die sich nach dem Einsetzen der Wirtschaftskrise im Jahre 2008, noch dramatisch verschlechterte. Gyurcsány übergab im Jahre 2009 den Posten des Ministerpräsidenten an eine „Expertenregierung" unter Bajnai Gordon, der bis zum 29. Mai. 2010 die Staatsgeschäfte führte.

Zentrales Thema der ungarischen Regierung war in dieser Periode der Versuch die Staatsverschuldung zu senken und später die Folgen der einsetzenden Weltwirtschaftskrise zu meistern. Man versuchte einen Eindruck von Professionalität zu erwecken und ausländische Investoren wie internationale Organisationen von den eigenen wirtschaftlichen Kompetenzen zu überzeugen. Zu diesem Zweck wurde weiterhin eine neoliberale Politik betrieben. Die letzten Reste des staatlichen Besitzes wurden privatisiert, darunter die staatliche Fluglinie Malév,[453] Teile der Staatsbahnen (Máv – Cargo, an die ÖBB),[454] und die letzten Teile der Ölgesellschaft MOL[455] (was aber später teilweise rückgängig gemacht wurde). Jede dieser großen Privatisierungen endete mit Skandalen und verstärkte in der Bevölkerung die Meinung, dass diese Art der Marktwirtschaft für Ungarn schädlich sei. Dies nutzten auch die rechten Parteien, die mit ihrer Propaganda gegen ausländische Konzerne und Banken jene Positionen besetzten, die ansonsten von linken Parteien eingenommen werden.

Die Wirtschaftskrise ab 2008 verschlechterte die wirtschaftliche Lage in Ungarn dramatisch. Am schlimmsten traf es Millionen von Menschen, die einen Kredit zum Kauf einer Immobilie aufgenommen hatten. Die Zahl jener Menschen die wegen nicht- bezahlter Schulden von einer Räumung bedroht waren, wurde im Jahre 2009 auf über eine Million Menschen, also ca. 10% der Bevölkerung geschätzt.[456] Wie viele davon schlussendlich ihre Wohnungen/Häuser wirklich verlassen mussten, wird wohl erst in einigen Jahren geklärt werden können, da die Regierungen Moratorien zu Wohnungsräumungen immer wieder verschoben haben und der Immobilienmarkt auch eingebrochen ist.. Diese Wirtschaftslage garantierte Fidesz[457] und Jobbik[458] mit ihrer Kritik am „ausländischen Kapital" jedenfalls einen starken Zuwachs.

Die Politik der Fidesz bestand zu dieser Zeit aus Fundamentalopposition und Versprechungen für die nächste Legislaturperiode in der sie mit möglichst großer Mehrheit herrschen wollten. Nach den Wahlen zum EU Parlament, die der Fidesz einen Erdrutschsieg bescherten, war alles auf die Erreichung einer noch größeren Mehrheit gerichtet. Das Verhältnis zur Jobbik hatte sich seit 2006 fundamental geändert. Nachdem 2009 klar wurde, dass die MSZP für die Fidesz in der nächsten Legislaturperiode keine Gefahr mehr darstellen würde, wurde die Jobbik zum Feindbild in den Parteinahen Medien der „Jungdemokraten".[459] Dies bedeutete aber keineswegs eine Abkehr vom nationalistischen Kurs der Partei. Da laut Meinungsforschern zahlreiche Stimmen bereits von der Jobbik „geborgt" waren[460] (also die betreffenden Personen Jobbik – Anhänger waren, aber Orbán eine Chance geben wollten), hätte dies wohl sicher auch den Verlust von zahlreichen Wählerstimmen. Damit konnte die Jobbik die Fidesz auch thematisch vor sich hertreiben.

Die Periode von 2006 bis 2010 war neben den wirtschaftlichen Schwierigkeiten auch von einem kometenhaften Aufstieg des Rechtsextremismus geprägt. Die Jobbik konnte sich als bedeutende Partei etablieren und 2009 bei den Wahlen zum Europaparlament zum ersten Mal ihre Stärke beweisen. Dort wurde sie nach Fidesz (56,36%) und MSZP (17,37%) mit 14,77% und 427 773 Wählern drittstärkste Partei.[461] Ab dem Jahre 2007 sorgte die Jobbik mit ihrer „Ungarischen Garde" nicht nur für Angst und Schrecken bei Minderheiten und Andersdenkenden, sondern auch für internationale Aufmerksamkeit und kostenlose Werbung. Die im Gleichschritt aufmarschierenden Gardetrupps, oder die in Formation am Budapester Heldenplatz/ in der Budapester Burg stehenden Truppen sorgten für medientaugliche Bilder und übten auf viele Ungarn eine anziehende Wirkung aus. Endlich konnte man etwas erreichen, konnte etwas werden und für „Recht und Ordnung" sorgen.

Die Kampagne gegen „Zigeunerkriminalität" sorgte vor allem bei den Menschen in den besonders armen Regionen des Landes für eine große Resonanz. In diesen Gebieten hatten die Ungarn meist sehr wenig und die Roma, da sie von Armut immer am stärksten betroffen waren, so gut wie gar nichts. Da extreme Armut aber Kleinkriminalität fördert und zum Beispiel der Diebstahl von Feldfrüchten einem armen Kleinbauern schwerer traf als einen reichen Großbauern, waren Konflikte vorprogrammiert. Die Wirtschaftskrise verschärfte die Lage noch weiter und die Jobbik schaffte es mit ihrer Hetze bei einer Bevölkerung, in welcher die Romafeindlichkeit ohnehin immer schon groß war, zu punkten.[462] Mit Aufmärschen und der Gründung von Bürgerwehren in Roma- Siedlungen wollte man einerseits der lokalen Bevölkerung signalisieren, dass man für "Ordnung" sorgen könne und andererseits auch der wenig - betroffenen Stadtbevölkerung zeigen, dass bei der Jobbik den Reden auch Taten folgten. Eine Tatsache, die bei einem immer größeren Vertrauensverlust in die Politik, von großer Bedeutung ist.

Was die Zusammensetzung der Wählerschichten und Mitglieder der Jobbik angeht, so spricht einiges für ein Wachstum und ein langes Bestehen der Partei.

Die Anhänger der Jobbik sind überwiegend männlich, jung und soweit die Ausbildung schon abgeschlossen ist gut ausgebildet.[463] Die Wähler sind wohlhabender als der Durchschnittliche Wähler anderer Parteien. Sie verdienen relativ gut und wohnen in besseren Verhältnissen als der Durchschnitt.[464] Bei den Wählern der Jobbik gibt es 2 verschiedene Typen. Einerseits die Protestwähler, deren Anzahl gerade bei den „Kurzentschlossenen", also jenen 35% die sich bei den EU-Parlamentswahlen 2009 erst einen Monat vor der Wahl für die Jobbik entschieden haben, relativ hoch ist. Andererseits die „Stammwähler". Sie wählen Jobbik in erster Linie nicht wegen ihrer wirtschaftlichen Verhältnisse (sie gelten sogar als Gewinner der Wende!), sondern zum Teil wegen Abstiegsängsten und vor allem wegen ideologischen Vorstellungen. In einer Studie wird der typische Jobbik Wähler als der klassische „autoritäre Charakter" nach Theodor Adorno beschrieben.[465] Als Mensch für den „Ordnung" eine wichtige Rolle spielt, der Meinungspluralismus ablehnt und Autoritäten wie Autoritarismen befürwortet. Parallelen zu den 30er Jahren in Deutschland sind dabei durchaus gegeben.

Bei den Parlamentswahlen im April 2010 erreichte die Fidesz im Wahlbündnis mit der KNDP einen Erdrutschsieg und eine parlamentarische Mehrheit, wie sie niemals zuvor in der Geschichte der ungarischen Republik erreicht wurde. Das Wahlergebnis sieht im Detail folgendermaßen aus[466]:

Fraktion	Prozentuell	Mandate
Fidesz -KDNP	67,88 %	262 +1
MSZP	15,28 %	59
Jobbik	12,18%	47
LEHET MÁS A POLITIKA (LMP)	4,15 %	16
Unabhängig	0,26%	1

Damit hat die Fidesz die Möglichkeit im Alleingang die ungarische Verfassung zu ändern und einen Staat nach ihren Vorstellungen zu schaffen. Inwieweit es der Fidesz gelingen wird ihre Macht zu missbrauchen und einen autoritären Staat zu errichten, kann nur die Zukunft zeigen.

Conclusio

Seit einigen Jahren schon beunruhigt der immer radikalere ungarische Nationalismus ganz Europa und spätestens seit den autoritären Tendenzen der Regierung Orbán II fragen sich viele wie es soweit kommen konnte. Die Antwort darauf ist nicht einfach und kann auch diese Arbeit nicht ganz beantworten. Jedenfalls soll aber dargestellt werden, dass es in Ungarn eine sehr starke nationalistische Tradition gibt, die weit ins 19. Jahrhundert zurückreicht und auch in allen politischen Lagern vertreten ist. Schon seit der Herausbildung der modernen Nationalstaaten im 19. Jahrhundert sah sich Ungarn in der Defensive gegenüber den Nationalitäten in der Nachbarschaft, was sich nach dem Ersten Weltkrieg und dem Vertrag von Trianon nur noch verfestige. Die schlechte Grenzziehung und die großen ungarischen Minderheiten in den Nachbarstaaten, vergiften seitdem die ungarische Politik, wie die politische Landschaft des ganzen Karpatenbeckens. Hinzu kommt die schlechte Lage der ungarischen Minderheiten, die der nationalistischen Politik der Nachbarstaaten ausgesetzt sind.

Verstärkt wird der ungarische Nationalismus durch die nachteilige wirtschaftliche Entwicklung der letzten 100 Jahre. Ungarn, welches sich mehrheitlich als Teil Westeuropas sieht, leidet unter der peripheren Lage innerhalb Europas und den halbkolonialen Verhältnissen ihrer Wirtschaft, die von ausländischen Firmen und ausländischem Kapital kontrolliert wird und wurde. Das Versprechen aufzuholen und mit dem reichen Westen gleichzuziehen, hat sich weder in der Monarchie, noch zur Zeit des Realsozialismus und auch nicht nach der Wende erfüllt. Es ist daher auch nicht verwunderlich, dass vor allem die Mittelschichten und Oberschichten die Träger des ungarischen Nationalismus sind. Sind es doch deren Chancen für den wirtschaftlichen Aufstieg, die durch eine ausländische Dominanz verringert werden. Forderungen nach der Bekämpfung des jüdischen/deutschen/amerikanischen „Kapitals" tauchen daher nicht zufällig in den Programmen von Jobbik & Co. auf.

Zu guter Letzt sei noch davor gewarnt, Ungarn und den ungarischen Nationalismus als etwas Einzigartiges zu sehen. Überall in Europa und vor allem in Ost/Südosteuropa besteht das Potenzial für eine Erstarkung des Nationalismus und die Entstehung von (auch) militantem Rechtsradikalismus. Unter anderem im Baltikum, der Ukraine, in Serbien oder Bulgarien, aber auch in der Slowakei, Kroatien, Griechenland und der Türkei gibt es bereits sehr starke rechtsextreme Tendenzen. Auch im Hinblick darauf ist die Frage wichtig, wie es mit dem ungarischen Nationalismus weitergeht und ob er eine Vorbildfunktion für andere übernehmen kann.

Literaturverzeichnis:

http://www.168ora.hu Onlineausgabe der liberalen Wochenzeitung 168 Óra, (168 Stunden)

Bartus László, Jobb Magyarok (Bessere/Rechtere Ungarn), Eigenverlag, Budapest, 2001

Bankier David (Hrsg.), The Jews Are Coming Back, Yad Vashem, Jerusalem, 2005 Zu finden auf: http://books.google.at/

Bayer József, Jobboldali populizmus és szélsőjobboldal Kelet-Közép Európában, (Rechter Populismus und Rechtsradikalismus in Ost-Mittel Europa, Aus: Onlineausgabe der, Zeitschrift Eszmélet, Band 55, http://www.eszmelet.hu/

Bibó István, Zur Judenfrage - Am Beispiel Ungarns nach 1944, Verlag Neue Kritik, Frankfurt A.M. 1990

Braham Randolph L., A Magyar Holocaust, (Der ungarische Holocaust), Band I, Gondolat, Budapest, 1988

Braham Randolph L., A Magyar Holocaust (Der ungarische Holocaust), Band II, Gondolat, Budapest, 1988

Brockhaus Enzyklopädie in vierundzwanzig Bänden, Band 15, Moe-Nor, F.A. Brockhaus, Mannheim, 1991

Butterwege Christoph, Lösch Bettina, Ptak Ralf, Kritik des Neoliberalismus, VS Verlag für Sozialwissenschaften, Wiesbaden, 2007

Cél "Antibolschewistische Zeitschrift", II Jahrgang, 06. Nummer, München, 1959

Corpus Iuris Hungarici 1000-1895/Magyar Törvénytár 1000-1895 (Ungarische Gesetzessammlung 1000 – 1895), Franklin Társulat (Franklin Gesellschaft) (Hg.), Budapest, 1899

Csorba László, A tizenkilencedik század története (Die Geschichte des 19. Jahrhunderts), Pannonica Kiadó, 2000

Demokrata (Demokrat), Wochenzeitung, 28. September 2006; 2. November 2006

Domokos Mátyás, Írósors- Németh Lászlóról, (Schriftstellerschicksale – Über László Németh), Nap Kiadó, Budapest, 2000

Eibach Joachim, Lottes Günther, Kompass der Geschichtswissenschaft, Vandenhoeck und Ruprecht, Göttingen, 2002

Enzenberger Andrea, Der Antisemitismus in Ungarn und der Prozess von Tisza – Eszlár, Diplomarbeit Uni Wien, 1987, S. 9 zitiert aus: Bihl Wolfdieter, Das Judentum Ungarns, 1780 – 1914, Studia Judaica Austriaca, Eisenstadt, 1976

Fenyo Mario, Hitler, Horthy and Hungary, Yale University Press, New Haven and London, 1972

Franz II. Rákóczy, Mémoires pour servir à l'histoire des révolutions de Hongrie, La Haye (den Haag) 1738 ; Mémoires sur la guerre de Hongrie depuis 1703 jusqu'à sa fin," - Den Haag 1739Halász Elöd, Magyar Német Szótár, (Ungarisch-deutsches Wörterbuch), Band II, Akadémia, Budapest 1983

Domokos Mátyás, Írósors- Németh Lászlóról (Schriftstellerschicksale – Über László Németh), Nap Kiadó, Budapest, 2000

Gyurgyák János, Ezzé Lett Magyar Hazátok (Dies wurde aus eurer ungarischen Heimat), Osiris, Budapest, 2007

Halász Elöd, Magyar Német Szótár, (Ungarisch-deutsches Wörterbuch), Band II, Akadémia, Budapest, 1983

Halász Elöd, Földes Csaba, Uzsonyi Pál, Magyar Német Nagyszótár (Ungarisch - Deutsches Großwörterbuch), Akadémia Kiadó, Budapest, 1998/ Langenscheidts Großwörterbuch Ungarisch – Deutsch, Langenscheidt, u.a Wien, Berlin, 1998

Hanák Péter (Hrsg.), Die Geschichte Ungarns, Corvina, Budapest, 1991

Haraszti György, Az Auschwitzi jegyzőkönyv (Die Auschwitz Protokolle), Múlt és Jövő Kiadó, Budapest, 2005

Hessky Regina, Magyar német kéziszótár (ungarisch-deutsches Handwörterbuch), Nemzeti tankönyvkiadó – Grimm Kiadó, 2002

http://hetivalasz.hu konservatives Nachrichtenportal

Hoensch Jörg K. (Hrsg) u.a, Judenemanzipation – Antisemitismus – Verfolgung, Klartext, Tübingen, 1999

Hoensch Jörg K. Hrsg., Geschichte Ungarns 1867-1983, Verlag W. Kohlhammer, Stuttgart Berlin Köln Mainz, 1984

Hungarista Bulletin, No. 3. Vol. V III, 1st. March. 1967

http://ingatlanmenedzser.hu Immobilienmanager – Online Nachrichtenportal

Jobbik Homepage mit Attila József Gedicht: http://kecel.jobbik.hu/?q=jozsef_attila_nem_nem_soha

Jobbik Lokalorganisation Nyiradony: http://www.jobbnyiradony.eoldal.hu/

Karsai László, Horthy Miklós (1868–1957). Legendák, mítoszok és a valóság, Miklós Horthy (1868 – 1957) Legenden Mythen und die Wahrheit, http://www.hdke.hu/tudastar/tanulmanyok/karsai-laszlo-horthy-miklos-1868%E2%80%931957-legendak-mitoszok-es-valosag

Klose Alfred, Kleines Lexikon der Politik, Herold, Wien-München, 1983

Kolosi Tamás, Tóth István György, Társadalmi Riport 2010 (Gesellschafts - Report 2010), TÁRKI, Budapest, 2010; Rudas Tamás, A Jobbik törzsszavazóiról (Über die Stammwählerschaft der Jobbik),

Kovács Endre/Katus László, Magyarország története 1848-1890 (Die Geschichte Ungarns 1848-1890, Band 6/1), Akadémia Kiadó, Budapest 1987

http://kmonitor.hu Korruptionsmonitor u.a von „Transparency International" oder der „Open Society Foundation"

http://www.kuruz.info mittlerweile (Oktober 2012) deaktiviertes rechtsextremes Nachrichtenportal

Nagy Magyarország (Groß Ungarn - populärwissenschaftliche Zeitschrift),1 Jahrgang 1. Nummer, 04. Juni. 2009

Libellus sancti Stephani regis de institutione morum ad Emerricum ducem, Caput VI, MBT, Budapest, 1930

Magyar Elektrónikus Könyvtár (Ungarische Elektronische Bibliothek), Sándor Petőfi - Gedichte, Übersetzt von Martin Remané,
http://www.mek.oszk.hu/01000/01008/01008.htm#31

Magyar Hírlap, Tageszeitung, vom 23. September 2006

http://magyarorszag.ma ehemaliges Nachrichtenportal

Mayer Georg, Odehnal Bernhard, Aufmarsch – Die Rechte Gefahr aus Osteuropa, Residenz Verlag, St. Pölten, 2010

http://www.mfor.hu Ungarisches Management Forum

Németh László, Kisebbségben:
http://www.scribd.com/doc/17246859/Nemeth-Laszlo-Kisebbsegben

Nemzetőr, 5. Jahrgang, Nr. 39, 27. Sept. 2006

Niederhauser Emil, 1848 Sturm im Habsburgerreich, Kremayr und Scheriau, Wien, 1990

Nohlen Dieter, Grotz Florian, Kleines Lexikon der Politik, C.H Beck, München, 2007

http://nol.hu Onlineausgabe der Tageszeitung Népszabadság

http://www.origo.hu Urbanes Nachrichtenportal

Patai Raphael, The Jews of Hungary, Wayne State University Press, Detroit, 1996

Paul Barry Clarke/Joe Foweraker, Encyclopedia of Democratic Thought, Routledge, London and New York, 2001

Pester Lloyd über Trianon – Gedenken:
http://www.pesterlloyd.net/2010_32/32kommentartrianon/32kommentartrianon.html

http://portal.ksh.hu Zentrales Statistikamt Ungarn

Radnóti Miklós, Kein Blick zurück, kein Zauber – Gedichte und Chronik Hrsg. Dalos György, Übers. Bieler Markus, Kirsten Gutke Verlag, Köln, 1999

Ránki Görgy (u.a), Magyarország Története 1918-1919, 1919-1945 (Geschichte Ungarns 1918-1919, 1919-1945), Band 8/2, Akadémia Kiadó Budapest, 1988

Reimann Aribert, Der Erste Weltkrieg – Urkatastrophe oder Katalysator? : http://www.erster-weltkrieg.clio-online.de/_Rainbow/documents/poluzeit/apuz_reimann.pdf

Ripp Zoltán, Rendszerváltás Magyarországon 1987-1990 (Die Wende in Ungarn 1987-1990), Napvilág Kiadó, Budapest, 2006

Romsics Ignác (Hrg.) A Magyar jobboldali hagyomány 1900-1948 (Das rechte ungarische Vermächtnis 1900-1948), Osiris, Budapest, 2009

Romsics Ignác, Ellenforradalom és Konszolidáció (Konterrevolution und Konsolidierung), Gondolat, Budapest, 1982

Romsics Ignác (Hrsg.), Hungary in the Twentieth Century, Corvina/Osiris, Budapest, 1999

Romsics Ignác (Hrsg.), Magyarország története (Die Geschichte Ungarns), Akadémia Kiadó, Budapest, 2007

Romsics Ignác, Magyarország története a XX Században (Die Geschichte Ungarns im 20. Jahrhundert), Osiris, Budapest, 2005

http://www.spiegel.de Spiegel Online

http://szinhaz.hu Internetportal zu Theater, Oper etc…

Tabajdi Gábor, Ungváry Krisztián, Elhallgatott múlt - A pártállam és a belügy 1956-1990, (Verschwiegene Vergangenheit - Der (Ein-)Parteienstaat und das Innenministerium 1956-1990), 1956-os Intézet/Corvina, Budapest, 2008

Tamás Attila, Illyés Gyula, aus der Reihe: Kortársaink (Zeitgenossen), Akadémia Kiadó, Budapest, 1989

Tóth István György, Geschichte Ungarns, Corvina/Osiris, Budapest, 2005

Tóth Tíbor, A Hungarista Mozgalom emigrációtörténete (Die Emigrationsgeschichte der Hungaristischen Bewegung), dup, Debrecen, 2008

http://www.tusvanyos.ro

Ungvári Tamás, The „Jewish Question" in Europe – The Caase of Hungary, Columbia University Press, New York, 2000

Út - A magyar nemzeti emigráció lapja / Weg - Das Blatt der nationalen ungarischen Emigration, Verleger Robert Kalász, Oberhausen, August 1960

http://www.valasztas.hu Ungarische Wahlkommission:

Vass László, SándorPéter, Magyarország politikai évkönyve 2007, (Ungarns politisches Jahrbuch 2007), Demokrácia Kutatások Magyar Központja Alapitvány (DKMKA) (Stiftung für ungarische Demokratieforschung), Budapest, 2007

http://www.welt.de

http://www.cablegatesearch.net/cable.php?id=07BUDAPEST163 Cable aus der US Botschaft vom 08.02.2007

http://de.wikipedia.org

http://en.wikipedia.org

http://hu.wikipedia.org

Woodrow Wilson, 14 Punkte - Erklärung, Rede im US Kongress am 8. Jänner 1918: http://www.ourdocuments.gov/doc.php?flash=true&doc=62

Fußnoten

1 Siehe z.B Nagy Magyarország, (Groß Ungarn - populärwissenschaftliche Zeitschrift),1 Jahrgang 1. Nummer, 04. Juni. 2009,

2 Übernommen aus Wikitravel: http://wikitravel.org/de/Sprachf%C3%BChrer_Ungarisch, Abgerufen am 03.01.2012

3 Nohlen Dieter, Grotz Florian, Kleines Lexikon der Politik, C-H Beck, München, 2007, S. 344

4 Nohlen, Grotz, 2007, S. 533

5 Klose Alfred, Kleines Lexikon der Politik, Herold, Wien-München, 1983, S. 141

6 Nohlen, Grotz, S. 345

7 Klose, S. 92

8 Brockhaus Enzyklopädie in vierundzwanzig Bänden, Band 15, Moe-Nor, F.A. Brockhaus, Mannheim, 1991, S. 344 f.f.

9 Karte, Das Königreich Ungarn, 1880.
   http://upload.wikimedia.org/wikipedia/commons/d/de/Hungary-ethnic_groups.jpg

10 Romsics Ignác (Hrsg.), Magyarország története (Die Geschichte Ungarns), Akadémia Kiadó, Budapest, 2007, S 494; Csorba László, A tizenkilencedik század története (Die Geschichte des 19. Jahrhunderts), Pannonica Kiadó, 2000, S. 1-2

125

11 Romsics 2007, Kapitel 4&5 S.307- 487, Karte S.340
12 Romsics , 2007, S.307
13 Romsics, 2007, Kap. 3.6.2 – 3.6.4 (S. 290- 301)
14 Tóth István György, Geschichte Ungarns, Corvina/Osiris, Budapest 2005 S. 235
15 Tóth István, 2005 S. 236-237
16 Tóth István, 2005 S. 284
17 Romsics, 2007, S.492
18 Tóth István, 2005 S.285
19 Tóth István, 2005 S. 56
20 Tóth István ,2005 S.797-799
21 Unter anderem in: Út - A magyar nemzeti emigráció lapja / Weg - Das Blatt der nationalen ungarischen Emigration, Verleger Robert Kalász, Oberhausen, August 1960,S.2-3
22 Brief von König Stephan I an seinen Sohn Emmerich, 1036 AD, Libellus sancti Stephani regis de institutione morum ad Emerricum ducem, Caput VI, MBT, Budapest, 1930,
S. 10
23 Tóth István, 2005 S. 180
24 Tóth István, 2005 S. 184
25 Romsics, 2007, S. 242 f.
26 Franklin Társulat (Franklin Gesellschaft) (Hg.), Corpus Iuris Hungarici 1000-
1895/Magyar Törvénytár 1000-1895 (Ungarische Gesetzessammlung 1000 – 1895),
Budapest, 1899, I Rex Matthiae, S. 337- 470
27 Romsics, 2007, S.225
28 Romsics, 2007, S. 291
29 Tóth István, 2005 S. 217-218
30 Romsics, 2007, S.292 f.
31 Tóth István, 2005 S. 278-288
32 Tóth István, 2005 S. 286-267
33 Romsics, 2007, S. 478 f.
34 Tóth István, 2005 S. 288
35 Franz II. Rákóczy, Mémoires pour servir à l'histoire des révolutions de Hongrie, La
Haye (den Haag) 1738 ; Mémoires sur la guerre de Hongrie depuis 1703 jusqu'à sa fin,"
- Den Haag 1739
36 Romsics, 2007, S. 636 Aus: Pajkossy Gábor (hrsg). Magyarország története a 19. században (Die Geschichte Ungarns im 19. Jhdt.) Textsammlung, Budapest, 2003, S. 224.
37 Romsics, 2007, S. 637
38 Romsics, 2007, S. 635 f.f.
39 Niederhauser Emil, 1848 Sturm im Habsburgerreich, Kremayr und Scheriau, Wien,
1990, S. 42 f.
40 Niederhauser, 1990, S. 139 f.f.
41 Kovács Endre/Katus László, Magyarország története 1848-1890 (Die Geschichte Ungarns Band 6/1 1848-1890), Akadémia Kiadó, Budapest 1987 S. 153
42 Romsics, 2007, S.610 Aus: (Hrg) Barta István, Kossuth Lajos összes munkái XI (Lajos
Kossuth's gesammelte Werke, Band XI) Kossuth Lajos 1848/49 -ben (Lajos Kossuth in

1848/49), Kussuth Lajos az utolsó rendi országgyülésen 1847/48 (Lajos Kossuth am letzten ständischen Landtag 1847/48), Budapest, 1951, S. 382

43   Romsics, 2007, S.610 Aus: (Hrg) Barta István, Kossuth Lajos összes munkái XI (Lajos Kossuth´s gesammente Werke, Band XI) Kossuth Lajos 1848/49ben (Lajos Kossuth in 1848/49), Kussuth Lajos az utolsó rendi országgyülésen 1847/48 (Lajos Kossuth am letzten ständischen Landtag 1847/48), Budapest, 1951, S. 382: *Minthogy e szó alatt „nemzet", polgári státusban sokkal több értetik, mint csupán az, hogy valaki milly nyelvet beszél, ezennel kijelentem: hogy én, soha de soha, a magyar szent korona alatt más nemzetet és nemzetiséget, mint a magyart, elismerni nem fogok. Tudom, hogy vannak emberek és népfajok, kik más nyevet beszélnek, de egy nemzetnél több nincs itten.*

44   Aus: Magyar Elektrónikus Könyvtár (Ungarische Elektronische Bibliothek), Sándor Petőfi - Gedichte, Übersetzt von Martin Remané:
http://www.mek.oszk.hu/01000/01008/01008.htm#31 Abgerufen am 03.01.2012

45   Romsics 2007, S. 636

46   Romsics, 2007, S. 836 f.

47   Tabajdi Gábor, Ungváry Krisztián, Elhallgatott múlt (Verschwiegene Vergangenheit) A pártállam és a belügy (der (Ein-)Parteienstaat und das Innenministerium) 1956-1990, 1956-os Intézet/Corvina, Budapest, 2008, S.361-374

48   Romsics, 2007, S.641 f.

49   Siehe hierzu: Paul Barry Clarke and Joe Foweraker, Encyclopedia of Democratic Thought, Routledge, London and New York, 2001 S. 453-457

50   Tóth István, 2005 S.411-412

51   Tóth István, 2005 S. 412 - 413

52   Tóth István, 2005 S.395-402

53   Siehe hierzu unter anderem: Romsics,2007, kap. 5.1.5 Die Ausbreitung des aufgeklärten Absolutismus : Die Reformen von Josef II S.529 - 538

54   Tóth István, 2005 S. 397

55   Romsics, 2007, S.532-533

56   Romsics, 2007, S. 609

57   Siehe hierzu: Gyurgyák János, Ezzé Lett Magyar Hazátok, (Dies wurde aus eurer ungarischen Heimat), Osiris, Budapest, 2007, S. 64 f.f.

58   Siehe hierzu: Nagy Magyarország, (Groß Ungarn - populärwissenschaftliche Zeitschrift), 1 Jahrgang 1. Nummer, 04. Juni. 2009: A francia kártya, Trianon 1920.06.04 – Ki volt a magyarok nagy ellensége? (Die französische Karte, Trianon 04. 06. 1920 – Wer war der große Feind der Ungarn?)

59   Tóth István, 2005, S. 563

60   Tóth István, 2005, S. 583

61   Romsics, 2007, S.611: *1790 és 1844 között az országgyülések egy sor törvényt hoztak „a magyar nyelv használatáról", illetve „a magyar nyelvről és nemzetiségről", amelynek az országgyülés, a törvények, a közigazgatási hatóságok, a világi és egyházi bíróságok hivatalos nyelvévé a magyart tették. E törvények értelmében közhivatalt csak magyarul tudó egyén vállalhatott, s ügyvédi vizsgát is csak magyarul lehetett tenni, söt még a papi tisztségek betöltését is csak a magyar nyelv tudásához kötötték valamennyi felekezetnél.*

62   Tóth István, 2005, S.469-470, 477-478
63   Tóth István, 2005, S.469
64   Tóth István, 2005, S.469-470
65   Tóth István, 2005, S. 474-476
66   Romsics, 2007, S. 612 - Aus: Széchenyi István válogatott müvei/ István Széchenyi ge-
     sammelte Werke, Szépirodalmi Könyvkiadó, 1991, Budapest, Bd. II, 34., 47-48,.51
67   Romsics, 2007, S. 612 Aus: Széchenyi István válogatott müvei (István Széchenyi ge-
     sammelte Werke), 1991, Budapest, Bd. II, 34., 47-48,.51 „A maygar szó még nem mag-
     yar érzés, az ember mert magyar, még nem erényes ember, és a hazafiasság köntösében
     járó még korántsem hazafi. S hány illy külmázos dolgozik a haza meggyilkolásán.
68   Tóth István, 2005, S. 463
69   Tóth István, 2005, S. 464
70   Tóth István, 2005, S. 495
71   Tóth István, 2005, S. 465
72   Tóth István, 2005, S. 413
73   Romsics Ignác, Ellenforradalom és Konszolidáció (Konterrevolution und Konsolidie-
     rung), Gondolat, Budapest, 1982.. S. 16
74   Tóth István, 2005, S. 583
75   Tóth István, 2005, S. 412
76   Tóth István, 2005, S. 464
77   Tóth István, 2005, S. 494
78   Csorba, 2000, S. 157
79   Romsics, 1982, S. 16
80   Tóth István, 2005, S.410-411
81   Romsics, 1982, S. 16
82   Tóth István, 2005, S. 412
83   Tóth István, 2005, S. 496-497
84   Tóth István, 2005, S. 412-413
85   Tóth István, 2005, S. 467
86   Tóth István, 2005, S. 494
87   Tóth István, 2005, S. 497
88   Romsics, 1982 S. 16
89   Romsics, 2007, S.761
90   Tóth István, 2005, S. 441
91   Csorba, 2000, S. 224-225
92   Patai Raphael, The Jews of Hungary, Wayne State University Press, Detroit, 1996, S.
     272
93   Romsics, 2007, S. 677
94   Ungvári Tamás, The „Jewish Question" in Europe – The Case of Hungary, Columbia
     University Press, New York, 2000, S. 61- 90
95   Romsics, 2007, S.710-711
96   Romsics, 2007, S. 725
97   Angaben über die Muttersprache in Ungarn bei den Volkszählungen 1880-1900-1910
     Romsics, 1999, S. 39

Sprache	1880 Nummer	%	1900 Nummer	%	1910 Nummer	%
Ungarisch	6165455	44,8	8651520	51,4	9944627	54,4
Deutsch	1799232	13,1	1999060	11,9	1903357	10,4
Slowakisch	1790485	13	2002165	11,9	1946357	10,7
Rumänisch	2323794	16,9	2798559	16,6	2948186	16,1
Ruthenisch	342354	2,5	424774	2,5	464270	2,5
Kroatisch*	613394	4,5	191432	1,1	194808	1,1
Serbisch*			437737	2,6	461516	2,5
Andere**	714889	5,2	333008	2	401412	2,3
Total	*13749603*	*100*	*16838255*	*100*	*18264533*	*100*

*1880: Kein Unterschied zwischen kroatisch und serbisch
**1880:Enthält auch Säuglinge

Der Anstieg der Ungarn von ca. 6 auf 10 Millionen Menschen innerhalb von nur 30 Jahren, kam nicht durch einen natürlichen Populationszuwachs zustande. Diese Zahl enthält eine sehr große Zahl von Assimilierten. Besonders die beiden größtenteils bürgerlichen Gruppen der Deutschen und Juden assimilierten sich massenhaft und freiwillig, da sie dadurch im Unterschied zu den bäuerlichen Schichten auch echte Vorteile genossen.

98   Csorba, 2000, S. 140 ff. oder: Tóth István, 2005, S.513 ff.
99   Romsics, 2007, S. 656
100 u.a Csorba, 2000, S.163
101 Csorba, 2000, S. 161-192
102 Tóth István, 2005, S. 564
103 Romsics, 2007, S.673
104 Tóth István, 2005, S.564
105 Romsics, 2007, S.673
106 Romsics, 2007, S.673:
     1868:XLIV.tc.
     Magyarország összes honpolgárai az alkotmány alapelvei szerint is politikai tekintetben egy nemzetet képeznek, az oszthatatlan egységes magyar nemzetet, mellynek a hon minden polgára, bármely nemzetiséghez tartozzék is, egyenjogú tagja; minthogy továbbá ezen egyenjogúság egyedül az országban divatozó többféle nyelvek használatára nézve, és csak annyiban eshetik külön szabályok alá, a mennyiben ezt az ország egysége, a kormányzat és közigazgatás gyakorlati lehetősége s az igazság pontos kiszolgáltatása szükségessé teszik.
107 Romsics, 2007, S.674
108 Romsics, 2007, 675
109 Romsics, 2007, 757
110 Romsics, 2007, 756

111 Romsics, 2007, 696
112 Tóth István, 2005, S. 564
113 Tóth István, 2005, S. 564
114 Romsics, 1982. S. 17
115 Tóth István, 2005, S. 565
116 Csorba, 2000, S.226-227
117 Csorba, 2000, S. 248
118 Romsics, 2007, 752-753
119 Tóth István, 2005, S. 601
120 Romsics, 2007, S. 765
121 Romsics, 2007, S. 766
122 Siehe zu diesem Thema: Reimann Aribert, Der Erste Weltkrieg – Urkatastrophe oder Katalysator?: http://www. erster-weltkrieg.clio-online.de/_Rainbow/documents/poluzeit/apuz_reimann.pdf Abgerufen am 18.04.2011
123 Romsics Ignác (Hrsg.), Hungary in the Twentieth Century, Corvina/Osiris, Budapest, 1999, S. 80-91
124 Siehe hierzu: Ránki Görgy, Magyarország Története 1918-1919, 1919-1945 (Geschichte Ungarns 1918-1919, 1919-1945), Band 8/2, Akadémia Kiadó Budapest, 1988, S. 729-740
125 Romsics, 1999, S.94-95
126 Romsics, 1999, S. 95
127 Romsics ,1999, S. 95
128 Romsics ,1999, S. 96-97
129 Romsics ,1999, S. 98
130 Romsics ,1999, S. 98
131 Tóth István, 2005, S. 611
132 Tóth István, 2005, S. 613
133 Romsics,1999, S. 101
134 Tóth István, 2005, S. 614
135 Tóth István, 2005, S. 614
136 Romsics, 1999, S. 100
137 Tóth István, 2005, S. 614
138 Tóth István, 2005, S.612
139 Patai, 1996, S.472 f.
140 Tóth István, 2005, S. 616
141 Romsics, 1999, S.106
142 Tóth István, 2005, S. 616
143 Romsics, 2007, S. 785
144 Romsics, 1999, S 110
145 Romsics, 1999, S 109
146 Tóth István, 2005 S. 619
147 Tóth István, 2005 S. 620

148 Romsics Ignác (Hrg.) A Magyar jobboldali hagyomány 1900-1948 (Das rechte ungarische Vermächtnis 1900-1948), Osiris, Budapest, 2009, S.73-74
149 Braham Randolph L., A Magyar Holocaust (Der ungarische Holocaust), Band I, Gondolat, Budapest, 1988, S. 169 - 181
150 Romsics, 2007, S. 796
151 Siehe hierzu Karten und Tabellen in: Romsics ,1999, S 120-121
152 Tóth István, 2005, S.625, S.624
153 Tóth István, 2005, S. 638 f.
154 Unter anderem auffindbar auf der Internetseite der US Regierung unter: http://www.ourdocuments.gov/doc.php?flash=true&doc=62 Abgerufen am 01.05.2011
155 Tóth István, 2005, S. 626-627
156 http://kecel.jobbik.hu/?q=jozsef_attila_nem_nem_soha (Do. 05. Mai. 2011)
157 Siehe hierzu „Nein, Nein, Niemals!" einen Artikel in der deutschsprachigen Pester Lloyd und insbesondere den Absatz über das Trianon – Denkmal in Kecskemét.: http://www.pesterlloyd.net/2010_32/32kommentartrianon/32kommentartrianon.html (Fr. 06.05.2011)
158 Tóth István, 2005 S. 586
159 Hoensch Jörg K. u.a, (Hrsg). Judenemanzipation – Antisemitismus – Verfolgung, Klartext, Tübingen, 1999, S. 22
160 Enzenberger, Andrea Der Antisemitismus in Ungarn und der Prozess von Tisza – Eszlár, Diplomarbeit Uni Wien, 1987, S. 9 zitiert aus: Bihl Wolfdieter, Das Judentum Ungarns, 1780 – 1914, Studia Judaica Austriaca, Eisenstadt 1976, S. 17
161 Enzenberger , 1987, S. 88
162 Romsics, 2009, S. 18
163 Enzenberger , 1987,, 1987, S.32
164 Romsics S.18 – Aus: Gyurgyák János, A zsidókérdés Magyarországon, Budapest 2001, Osiris, 314-338
165 Enzenberger, 1987, S.77
166 Enzenberger, 1987, S. 85
167 Tóth István, 2005, S. 612
168 Tóth István, 2005, S. 622
169 Romsics,1999, S. 153
170 Tóth István, 2005 S. 649
171 Tóth István, 2005 S.650 f.
172 Romsics, 1999, S. 149-150
173 Romsics, 2009, S.247
174 Romsics, 2009, S.255 aus: Bécsi Magyar Futár (Wiener ungarischer Bote), 8. April 1919..
175 Romsics, 1982, S. 23
176 Romsics, 2009, S. 268-269
177 Romsics, 1982, S. 26
178 Tóth Tíbor, A Hungarista Mozgalom emigrációtörténete (Die Emigrationsgeschichte der Hungaristen-Bewegung), dup, Debrecen, 2008, S. 11
179 Tóth Tíbor, 2008, S. 11

180 Tóth Tíbor, 2008, S. 11
181 Tóth Tíbor, 2008, S. 14
182 Tóth Tíbor, 2008, S. 15
183 Romsics, 2009, S. 292
184 Tóth István, 2005, S. 638 f.
185 Tóth István, 2005, S. 639-640
186 Tóth István, 2005, S. 640
187 Tóth István, 2005, S. 675
188 Tóth István, 2005, S. 674
189 Tóth István, 2005, S. 675
190 Romsics, 2005, S. 250 Landgewinne Ungarns im zweiten Weltkrieg

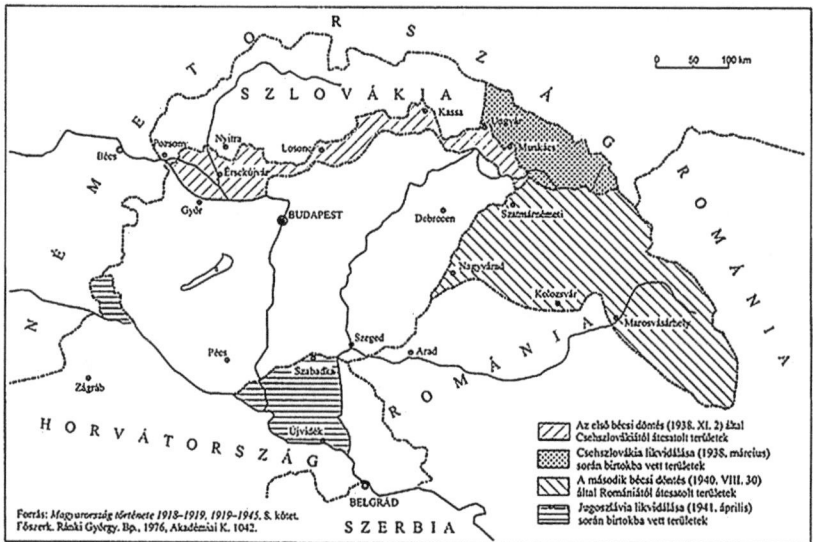

191 Ránki, 1988, S.975
192 Tóth István, 2005, S. 661
193 Ránki, 1988, 976
194 Tóth István, 2005, S. 675
195 Romsics Ignác, Magyarország története a XX Században (Die Geschichte Ungarns im XX Jahrhundert), Osiris, Budapest, 2005, S. 246
196 Ránki, 1988, S. 982
197 Tóth István, 2005, S. 676
198 Ránki, 1988, S.965
199 Tóth István, 2005, S.676
200 Fenyo Mario, Hitler, Horthy and Hungary, Yale University Press, New Haven and London, 1972, S. 7

201 Ránki, 1988, S. 1023 f.f.
202 Romsics, 2005, S. 248
203 Komitate Ungarns 1941-44:

http://en.wikipedia.org/wiki/File:Kingdom_of_Hungary_1944_44_Varmegye.png

204 Tóth István, 2005, S.677
205 Tóth István, 2005, S.677
206 Tóth István, 2005, S.677
207 Romsics, 2005, S. 249
208 Ránki, 1988, S. 1032 f.
209 Ránki, 1988, S. 1035
210 Romsics, 2005, S 251
211 Romsics, 2005, S 252
212 Romsics, 2005, S. 251
213 Fenyo, 1972, S. 14
214 Fenyo, 1972, S.13
215 Tóth István, 2005, S. 679
216 Romsics, 2005, S. 253
217 Fenyo, 1972, S. 3
218 Ránki, 1988, S. 1048 f.
219 Fenyo, 1972, S.22 f.
220 Fenyo, 1972, S. 24 f.
221 Fenyo, 1972, S. 27 f. f.
222 Fenyo, 1972, S.
223 Ránki, 1988, S. 1055
224 Ránki, 1988, S. 1058

225 Fenyo, 1972, S. 32
226 Tóth István, 2005, S. 679
227 Tóth István, 2005 S. 681
228 Fenyo, 1972, S. 46f. S. 257 f.
229 Ránki, S. 1068 f.
230 Ránki, 1988, S. 1059
231 Ránki, 1988, S.1059 f.
232 Tóth István, 2005, S. 681
233 Braham, Band I, 1988, S. 169 - 181
234 Tóth István, 2005, S. 682 f.
235 6. Oktober 1849, Tag an dem die siegreiche österreichische Armee, 13 führende Mit-
     glieder des ungarischen Aufstandes in Arad hinrichten ließ. Viele Nationalisten geden-
     ken diesem Tag dahingehend, dass sie nie mit Bier anstoßen, da die österreichischen
     Truppen damals mit Bier angestoßen hatten.
236 Ránki, 1988, S.1065
237 Tóth István,2005, S. 682
238 Tóth István,2005, S. 683
239 Tóth István,2005, 2005 S. 682
240 Gyurgyák, 2007, S. 217
241 Tóth István,2005, 2005 S. 683
242 Ránki, 1988, S.1111
243 Ránki, 1988, S.1112
244 Fenyo, 1972, S. 147
245 Fenyo, 1972, S.159
246 Hanák Péter (Hrsg.), Die Geschichte Ungarns, Corvina, Budapest, 1991, S. 229
247 Fenyo, 1972, S.159
248 Fenyo, 1972, S.166
249 Fenyo, 1972, S.171
250 Tóth István, 2005, S. 686
251 Fenyo, 1972, S. 175
252 Hanák, 1991, S. 231
253 Fenyo, 1972, S.176
254 Fenyo, 1972, S182
255 Unter anderem auf der bedeutendsten rechtsextremen Medienplattform
     www.kuruz.info: http://kuruc.info/r/8/18567/ Abgerufen am 29.11.2011
256 http://
     hu.wikipedia.org/wiki/Horthy_Mikl%C3%B3s#A_zsid.C3.B3s.C3.A1g_helyzete_.C3.
     A9s_a_n.C3.A9met_megsz.C3.A1ll.C3.A1s Abgerufen am 16.10.2011
     „1944-ig Magyarországon a zsidóságot érintő pogromokra és atrocitásokra nem került
     sor, szemben Romániával, Jugoszláviával, Szlovákiával."
257 http://kuruc.info/r/8/18567/ Abgerufen am 16.10.2011
     Egy hálás zsidó ajánlott fel fehér lovat a jobbikosok Horthy-emlékfelvonulására +
     képek

.... „1944. március 19-én a németek megszállták Magyarországot, ettől kezdve a nácik voltak az „urak", Horthy Miklós azonban közbelépésével – Koszorús Ferenc ezredes páncélos hadosztályának aktivizálásával – megmentette a pesti gettót."......

258 Braham, Band I, 1988, S. 39
259 Braham, Band I, 1988, S. 103
260 Braham, Band I, 1988, S. 169
261 Braham, Band I, 1988, S. 172
262 Braham, Band I, 1988, S.173
263 Braham, Band I, 1988, S.173
264 Braham, Band I, 1988, S.174
265 Braham, Band I, 1988, S.175
266 Braham, Band I, 1988, S.176
267 Braham, Band I, 1988, S.178
268 Braham, Band I, 1988, S.178
269 Braham, Band I, 1988, S. 180
270 Siehe hierzu: Braham, Band I, 1988, S. 238 über die Entstehung des Arbeitsdienstes im Jahre 1919.
271 Braham, Band I, 1988, S. 252
272 Braham, Band I, 1988, S. 274
273 Braham, Band I, 1988, S. 278
274 Miklós Radnóti, Kein Blick zurück, kein Zauber – Gedichte und Chronik Hrsg. Dalos György, Übers. Bieler Markus, Kirsten Gutke Verlag, Köln, 1999, S. 72 - 73
275 http://en.wikipedia.org/wiki/Mikl%C3%B3s_Radn%C3%B3ti   Aufgerufen am 21.10.2011
276 http://de.wikipedia.org/wiki/Mikl%C3%B3s_Radn%C3%B3ti   Aufgerufen am 21.10.2011
277 A már járni sem tudó költőt a győri kórházba irányították. Mivel a várost a szövetségesek éppen szőnyegbombázták, így rengeteg súlyos sebesült és halálos áldozat volt a romok alatt. Emiatt az intézmény nem tudta fogadni, elküldték. Ezután Marányi Ede honvéd alezredes parancsára Tálas András hadapródőrmester ötfős kerete élén 1944. november 4-én Abda község határában lőtték le a végsőkig kimerült Radnóti Miklóst 21 társával együtt. http://hu.wikipedia.org/wiki/Radn%C3%B3ti_Mikl%C3%B3s Abgerufen am 21.10.2011
278 http://magyarorszag.ma/modules.php?name=News&file=article&sid=9432   Aufgerufen am 21.10.2011
279 Ránki, 1988, S. 1160
280 Ránki, 1988, S. 1161
281 Braham, Band I, 1988, S.319
282 Braham Randolph L., A Magyar Holocaust (Der ungarische Holocaust), Band II, Gondolat, Budapest, 1988, S.453
283 Ránki, 1988, S. 1161
284 Ránki, 1988, S. 1162   Abweichend davon berichtet Braham in: A Magyar Holocaust (Der ungarische Holocaust), Band II von 427 400 Deportierten.

285 Hoensch Jörg K. Hrsg., Geschichte Ungarns 1867-1983, Verlag W. Kohlhammer, Stuttgart Berlin Köln Mainz, 1984, S. 152

286 Tóth István, 2005, S.685

287 Braham, Band II, 1988, S. 454

288 Tóth István, 2005, S.686

289 Unter anderem: Hoensch, 1984, S. 152

290 Braham, Band I, 1988, S.308

291 Braham, Band I, 1988, S. 308

292 Siehe hierzu: Haraszti György, Az Auschwitzi jegyzőkönyv (Die Auschwitz Protokolle), Múlt és Jövő Kiadó, Budapest, 2005

293 Tóth István, 2005, S.686

294 Hanák Péter (Hrsg.), Die Geschichte Ungarns, Corvina, Budapest, 1991, S. 232-233

295 Tóth István, 2005, S.686

296 Braham, Band II, 1988, S. 202

297 Braham, Band II, 1988, S. 204

298 Hanák, 1991, S. 234

299 Braham, Band II, 1988, S. 233

300 Hoensch, 1984, S. 154

301 Braham, Band II,1988, S. 455

302 Bezogen auf die Staatsfläche Ungarns nach 1945. Braham, Band II, 1988, S. 454

303 Tóth István, 2005, S. 687

304 Tóth István, 2005, S. 693

305 Hanák, 1991, S. 238

306 Hoensch, 1984, Kap. 5.2, S. 181- 200

307 Hoensch, 1984, S.194 f.f.

308 Tóth István, 2005, S. 727

309 Tóth István, 2005, S.732

310 Hanák, 1991, S. 235

311 Tóth Tíbor, A Hungarista Mozgalom emigrációtörténete (Die Emigrationsgeschichte der Hungaristischen Bewegung), dup, Debrecen, 2008, S. 63

312 Tóth Tibor, 2008, S. 38

313 Tóth Tibor, A Hungarista Mozgalom Emigrációtörténete, dup, Debrecen, 2008, S. 39-40

1. Ha a bolsevik elnyomás alól felszabadul az ország, akkor „tisztogatni" nemcsak a bolsevikoktól, hanem horthystáktól is kell, mig Németországban csak a náciktól.

2. A NSDAP- be szinte kötelező volt belépni, a Nyilaskerestes Pártba nem; itt a szerző nem is tartja totalitáriusnak a magyar pártot – a németet igen.

3. A vezérelvek közötti külömbség : Hitlernek békében is, Szálasinak nemzetvezetői titulusa csak a háború idejére szólt: Szálasi a „nemzetvezetői tisztet kifejezetten csak a háború tartamára fogadta el, tehát a római köztársasági diktátor időbeli korlátozásaival, annak impériuma nélkül. "

4. A faji kérdést és a zsidóság elleni fellépést nem náci módon közelitette meg (ls. Hubay – Vágó javaslat: aszemitizmus).

5. Nincs magyar SS – Ruszkay csak október 16- a után kapott megbízást a magyar SS felállítására.
6. A náci párt imperialista politikát követett, a magyar „csak" antibolsevista volt.
7. A hungarizmus közvetlenül nem harcolt tevőlegesen a nyugati demokráciák ellen.
8. A hungarizmus nem inditott agressziót.
9. A náci párt egyházellenes, a hungarista nem.
10. A nácik monarchiaellenesek, a hungaristák a királyság hívei, sőt a szentkorona tan követői.

314   Siehe hierzu: Cél "Antibolschewistische Zeitschrift", II Jahrgang, 06. Nummer, München, 1959 S. 10-11
315   Hungarista Bulletin, No. 3. Vol. V III, 1st. March. 1967 S. 8. f.f.
316   Tóth Tibor, 2008, S. 60
317   Tóth Tibor, 2008, S. 61
318   Tóth Tibor, 2008, S. 74
319   Tóth Tibor, 2008, S. 78
320   Hoensch, 1984, S. 188
321   Hoensch, 1984, S. 189
322   Romsics, 2009, S. 536
323   Romsics, 2007, S. 326
324   Romsics, 1999, S. 258
325   Romsics, 1999, S. 272 f.
326   Gyurgyák, 2007, S. 399
327   Gyurgyák, 2007, S.393
328   Tamás Attila, Illyés Gyula, aus der Reihe: Kortársaink (Zeitgenossen), Akadémia Kiadó, Budapest, 1989. S. 17
329   Tamás, 1989. S. 35
330   Tamás, 1989. S.65 f.
331   Tamás, 1989. S. 67
332   Tamás, 1989. S. 118
333   Tamás, 1989. S. 247
334   Siehe hierzu: Németh László, Kisebbségben: http://www.scribd.com/doc/17246859/Nemeth-Laszlo-Kisebbsegben   Aufgerufen am 17.11.2011
335   Domokos Mátyás, Írósors- Németh Lászlóról (Schriftstellerschicksale – Über László Németh), Nap Kiadó, Budapest, 2000, S. 53
336   Bankier David (Hrsg.), The Jews Are. Coming Back, Yad Vashem, Jerusalem, 2005, S. 293 Zu finden auf: .http://books.google.at/ Abgerufen am 08.01.2012
337   Siehe Interview mit Dörner auf dem Theaterportal szinház.hu : http://szinhaz.hu/szinhazi-hirek/42383-megszolalt-dorner-gyorgy   Abgerufen am 18.11.2011
338   Hoensch, 1984, S. 204
339   Hoensch, 1984, S. 205
340   Hoensch, 1984, S. 206
341   Tóth István, 2005,734

342   Hoensch, 1984, S. 207
343   Tóth István, 2005, 736
344   Tóth István, 2005, 737
345   Hoensch, 1984, S. 208
346   Tóth István, 2005, 738
347   Tóth István, 2005, 739
348   István Tóth György, Geschichte Ungarns, Corvina/Osiris, Budapest, 2005, 740
349   Tóth István, 2005 S. 743
350   Tóth Tibor, 2008, S. 81
351   Tóth Tibor, A Hungarista Mozgalom Emigrációtörténete, dup, Debrecen, 2008, S. 80
352   Tóth Tibor, A Hungarista Mozgalom Emigrációtörténete, dup, Debrecen, 2008, S. 115
353   Tóth Tibor, 2008, S. 82
354   Tóth Tibor, 2008, S. 143
355   Tóth Tibor, 2008, S. 141
356   Tóth Tibor , 2008, S. 148
357   Tóth Tibor, 2008, S. 132
358   Tóth Tibor,2008, S.147
359   Tóth Tibor, 2008, S. 116
360   Tóth Tibor, 2008, S. 116
361   Tóth Tibor, 2008, S. 147
362   Tóth Tibor, 2008, S. 148
363   Tóth Tibor, 2008, S.146
364   Tóth Tibor, 2008, S.145
365   Tóth Tibor, 2008, S. 132
366   Tóth Tibo, 2008, S.161 f.
367   Tóth Tibor, 2008, S. 162
368   Tóth Tibor, 2008, S. 162
369   Siehe hierzu: Bibó István, Zur Judenfrage - Am Beispiel Ungarns nach 1944, Verlag Neue Kritik, Frankfurt A.M. 1990, S. 161 & Ungváry Tamás, The „Jewish Question" in Europe – the case of Hungary, Columbia University Press, New York, 2000, S. 285 f.
370   Ungváry Tamás, The „Jewish Question" in Europe – the case of Hungary, Columbia University Press, New York, 2000, S.285
371   Ungváry, 2000, S. 284 f.f
372   Tóth Tibor, 2008, S. 163 f.
373   Tóth István, 2005 S. 744
374   Tóth István , 2005 S. 741
375   Tóth István, 2005 S. 740 f.
376   Tóth István, 2005 S. 745
377   Tóth István, 2005 S. 747 f.
378   Tóth István, 2005 S. 749
379   Romsics, 2005, S. 401
380   Siehe Tabelle über Import/Export 1981: Romsics, 2005, S. 439
381   Romsics, 2005, S. 446
382   Romsics, 2005, S. 421

383 Romsics, 2005, S. 415.
384 Romsics, 2005, S. 417
385 Romsics, 2005, S.417
386 Hoensch, 1984, S. 416
387 Ripp Zoltán, Rendszerváltás Magyarországon 1987-1990 (Die Wende in Ungarn 1987-1990), Napvilág Kiadó, Budapest, 2006, S. 15
388 Siehe hierzu: Butterwege Christoph, Lösch Bettina, Ptak Ralf, Kritik des Neoliberalismus, VS Verlag für Sozialwissenschaften, Wiesbaden, 2007, S. 83 f.f.
389 Zur Schuldensituation in Ungarn, siehe Grafik bei: Romsics, 2005, S. 453
390 Ripp, 2006, S. 15 f.
391 Romsics, 2005, S.452
392 Ripp, 2006, S. 15
393 Ripp, 2006, S. 16
394 Butterwege u.a, 2007, S. 98
395 Romsics, 2005, S. 525
396 Romsics, 2005, S. 455 f.
397 Ripp, 2006, S. 475
398 Ripp, 2006, S. 394
399 Ripp, 2006, S. 458
400 Ripp, 2006, S.537, 540
401 Ripp, 2006, S. 492
402 Ripp, 2006, S. 498
403 Ripp, 2006, S. 498
404 Ripp, 2006, S. 492
405 Ripp, 2006, S. 484
406 Siehe die Tabellen aus: Romsics, 2005, S. 566, 568-569

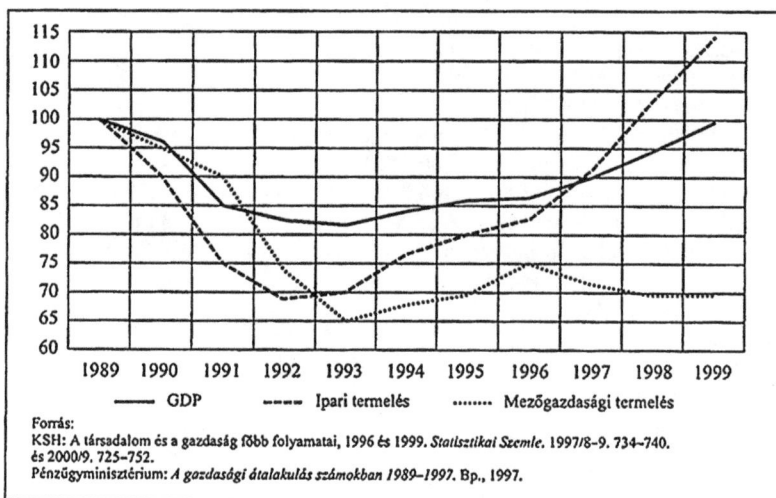

Forrás:
KSH: A társadalom és a gazdaság főbb folyamatai, 1996 és 1999. *Statisztikai Szemle.* 1997/8-9. 734-740.
és 2000/9. 725-752.
Pénzügyminisztérium: *A gazdasági átalakulás számokban 1989-1997.* Bp., 1997.

31. ábra. *Az ipari és mezőgazdasági termelés, valamint a GDP alakulása, 1989-1996 (index: 1989=100)*

Grafik oben: _____ BIP   ------- Industrieproduktion .... landwirtschaftliche
Produktion

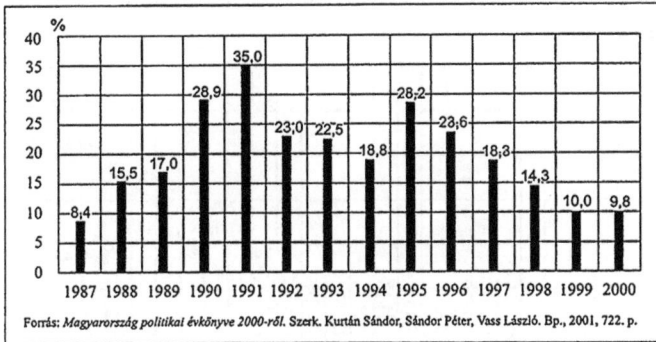

Forrás: *Magyarország politikai évkönyve 2000-ről.* Szerk. Kurtán Sándor, Sándor Péter, Vass László. Bp., 2001, 722. p.

32. ábra. *Az infláció mértéke, 1987–1997*

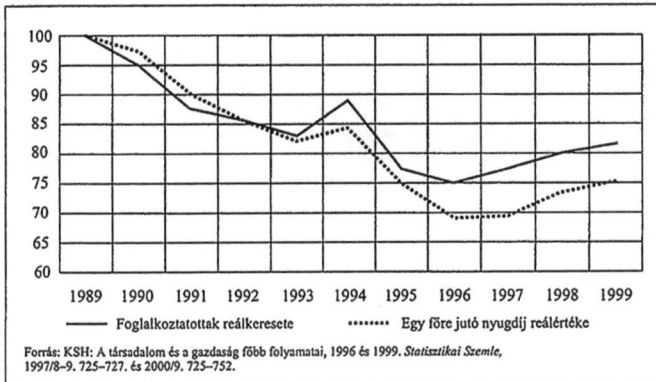

—— Foglalkoztatottak reálkeresete   •••••••• Egy főre jutó nyugdíj reálértéke

Forrás: KSH: A társadalom és a gazdaság főbb folyamatai, 1996 és 1999. *Statisztikai Szemle,* 1997/8–9. 725–727. és 2000/9. 725–752.

33. ábra. *A foglalkoztatottak reálkeresetének és a nyugdíjak reálértékének alakulása, 1989–1997 (1989=100)*

Grafik oben: Inflation

Grafik unten: Reallöhne _____ und Realwerte von Pensionen ………..

Siehe ebenfalls die Statistiken beim Ungarischen Zentralamt für Statistik: http://www.ksh.hu/stadat_long Abgerufen am 21.10.2012, Statistiken sind auf Englisch!

407   Romsics, 2005, S. 571
408   Romsics, 2005, S. 472 f.
409   Romsics, 2005, S. 571
410   Zu Detailergebnissen siehe Tabelle in:, 2005, S. 557
411   Bartus László, Jobb Magyarok (Bessere/Rechtere Ungarn), Eigenverlag, Budapest, 2001, S. 97

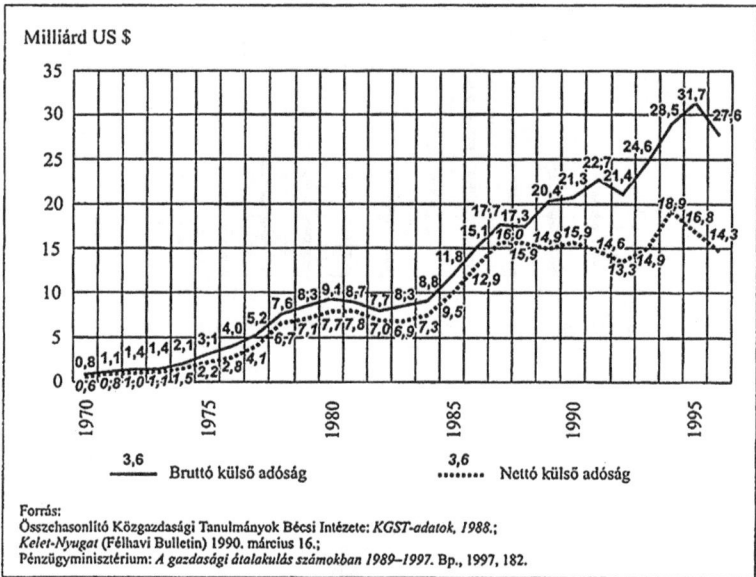

Milliárd US $

| 1970 | 1975 | 1980 | 1985 | 1990 | 1995 |

—— 3,6 Bruttó külső adóság ⋯⋯ 3,6 Nettó külső adóság

Forrás:
Összehasonlító Közgazdasági Tanulmányok Bécsi Intézete: *KGST-adatok, 1988.*;
Kelet-Nyugat (Félhavi Bulletin) 1990. március 16.;
Pénzügyminisztérium: *A gazdasági átalakulás számokban 1989–1997.* Bp., 1997, 182.

22. ábra. *Az eladósodás folyamata, 1970–1996 (milliárd US $)*

Grafik oben: Staatsverschuldung: _____Brutto ⋯⋯Netto (Mrd. US Dollar)

412 Beispiele für Antisemitismus in der Zeitung. Sogar ohne Ungarischkenntnisse gut erkennbar ist die rot-weiße Arpadenflagge als Symbol des modernen ungarischen Rechtsextremismus, der Name Csurkas auf der Titelseite (genauer: Das Blatt István Csurkas) und die unverkennbar antisemitische Bildsprache. Der Titel der zweiten Überschrift lautet: Der Kindeschänder. Darunter ein Bild von Daniel Cohn – Bendit

413 Domokos, 2000, S. 175 f.f.
414 Romsics, 2005, S. 557
415 Bartus, 2001, S. 96
416 Bartus, 2001, S. 113
417 Bartus, 2001, S. 151
418 Bartus, 2001, S. 134
419 Bartus, 2001, S. 99
420 Zu den Wahlergebnissen siehe folgende Grafik:

Results of Hungarian parliamentary elections 1990-2006 (percentage of total mandates)

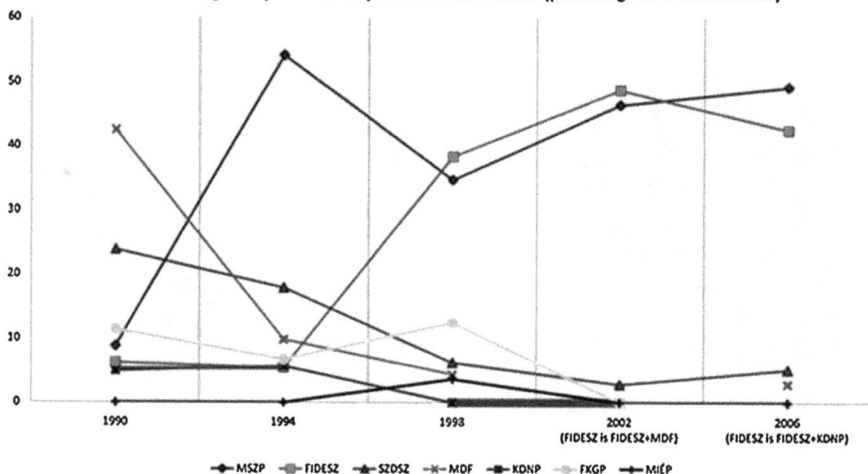

Quelle: http://upload.wikimedia.org/wikipedia/commons/a/a2/Elections_hun.png
vom 26.12.2011

421 Romsics, 2005, S. 558
422 Romsics, 2005, S. 556 f.
423 Siehe Tabellen XIV im Anhang.
424 Romsics, 2005, S. 560
425 Bericht über seinen Redebeitrag vom Sommer 2011 auf dem Jugendlager/ der Sommeruniversität in Tusnád (Tuşnad), Rumänien:
      http://www.tusvanyos.ro/index.php?menu=8&ev=9&almenu=11&&arch_o=142
      Abgerufen am 21.10.2012
426 Romsics Ignác, 2005, S. 783
427 Mayer Georg, Odehnal Bernhard, Aufmarsch – Die Rechte Gefahr aus Osteuropa, Residenz Verlag, St. Pölten, 2010, S.38
428 Mayer u.a, 2010, S. 37. f.
429 Siehe hierzu: Bayer József, Jobboldali populizmus és szélsőjobboldal Kelet-Közép Európában, (Rechter Populismus und Rechtsradikalismus in Ost-Mittel Europa, Aus: Onlineausgabe der, Zeitschrift Eszmélet, Band 55:
      http://www.freeweb.hu/eszmelet/55/e55.html Abgerufen am 27.12.2011
430 Bayer József, Jobboldali populizmus és szélsőjobboldal Kelet-Közép Európában, (Rechter Populismus und Rechtsradikalismus in Ost-Mittel Europa, Aus: Onlineausgabe der, Zeitschrift Eszmélet, Band 55, http://www.freeweb.hu/eszmelet/55/e55.html Abgerufen am 28.12.2011
431 Mayer u.a, 2010, S.33

432 Siehe Artikel über die „Bürgerkreise" in der Online- Ausgabe der Tageszeitung „Népszabadság" vom 1. März 2010 ,
http://nol.hu/voks/20100301-itt_az_ido___de_kell-e_meg_a__selyemhalo__?ref=sso
Abgerufen am 28.12.2011

433 Mayer u.a, 2010, S. 34

434 Siehe Artikel über Vona und Orbán in der Online- Ausgabe der Tageszeitung „Népszabadság" vom 5. März 2010:
http://www.nol.hu/belfold/vona_levele_orban_viktornak__on_nem_a_legyek_ura
Abgerufen am 28.12.2011

435 Mayer u.a, 2010, S. 32

436 Siehe Homepage der Jugendorganisation der Jobbik:
http://www.jobbikit.hu/content/szentkorona-tan-l%C3%A9nyeg%C3%A9r%C5%91l-r%C3%B6viden Abgerufen am 09.01.2012

437 Für seine ästhetisch herausragende Schilderung der Shoa und ihrer schrecklichen Nachwirkung für alle Überlebenden. Auf Deutsch z.b. Mensch ohne Schicksal (von Jörg Buschmann, Rütten u. Loening, Berlin 1990); Kaddisch für ein nicht geborenes Kind (1992); Galeerentagebuch (1993, 1997) Roman eines Schicksallosen (Neuübersetzug 1999); Fiasko (1999) und andere.

438 http://www.welt.de/die-welt/kultur/literatur/article5116030/Ich-schreibe-keine-Holocaust-Literatur-ich-schreibe-Romane.html Abgerufen am 30.12.2011

439 http://www.welt.de/die-welt/kultur/article5152045/Ungarn-diskutiert-ueber-das-WELT-Interview-von-Imre-Kertesz.html Abgerufen am 30.12.2011

440 http://kuruc.info/r/22/52351/ Abgerufen am 30.12.2011

441 Zu genauem Wahlergebnis siehe Detailergebnisse der Wahlkommission, http://www.valasztas.hu/parval2006/hu/03/kozlemenyek/kozl0509.pdf Abgerufen am 29. Dezember 2011 S.119

442 Aus Sammelband: Vass László, Sándor Péter, Magyarország politikai évkönyve 2007, (Ungarns politisches Jahrbuch 2007), Demokrácia Kutatások Magyar Központja Alapitvány (DKMKA) (Stiftung für ungarische Demokratieforschung), Budapest, 2007; Juhász Attila, Somogyi Zoltán, A magyar zélsöjobboldal újjászerveződési kísérlete 2006 – ban, (Der Versuch einer Neuorganisation des ungarischen Rechtsextremismus in 2006), S.1327

443 Siehe hierzu : Demokrata, (Demokrat), Wochenzeitung, 28. September 2006. S. 28 f.

444 Siehe hierzu : Demokrata, (Demokrat), Wochenzeitung, 28. September 2006. S. 24

445 Siehe hierzu : Tageszeitung, Magyar Hírlap, vom 23. September 2006. S. 3

446 Aus Sammelband: Vass u.a, 2007; Juhász Attila, Somogyi Zoltán, A magyar szélsöjobboldal újjászerveződési kísérlete 2006 – ban, (Der Versuch einer Neuorganisation des ungarischen Rechtsextremismus in 2006), S. 1322

447 Siehe zum Beispiel Wochenzeitschrift, Nemzetőr, V Jahrgang, Nr. 39, 27. Sept. 2006

448 Siehe hierzu unter anderem folgendes Video:
http://www.youtube.com/watch?v=i6nH_hBk-Q0&feature=related Abgerufen am 31.12.2011

449 Mayer u.a, 2010, S. 48 f.

450 Demokrata, Wochenzeitung, 2. November 2006, S. 14-18

451 Mayer u.a, 2010, S. 48 f.
452 Siehe hierzu „Cables" aus der US Botschaft Budapest:
http://www.cablegatesearch.net/cable.php?id=07BUDAPEST163 Absatz 5.
Artikel über Orbán und die US- Cables:
http://www.spiegel.de/international/europe/0,1518,736706,00.html Abgerufen am
31.12.2011
453 http://www.
mfor.hu/cikkek/Huszonhatmilliard_forintba_kerult_a_Malev_az_oroszoknak.html Abgerufen am 01.01.2012
454 http://kmonitor.hu/adatbazis/cimkek/mav-cargo-privatizacio Abgerufen am 01.01.2012
455 http://www.origo.hu/uzletinegyed/befektetes/20061211lezarult.html Abgerufen am
01.01.2012
456 http://ingatlanmenedzser.hu
/gazdasag/2009/3/25/20090324_szazezrek_lakasat_veszelyezteti_valsag
457 http://www.168ora.hu/itthon/fenyegeti-a-fidesz-a-kulfoldi-cegeket-47976.html Aufgerufen am 02.01.2012
458 Wahlprogramm der Jobbik zu den Wahlen 2010:
http://www.jobbik.hu/sites/jobbik.hu/down/Jobbik-program2010OGY.pdf KapitelIII1.6
459 http://www.168ora.hu/itthon/fideszes-maffiavad-a-jobbik-ellen-52051.html Aufgerufen
am 02.01.2012
460 http://hetivalasz.hu/itthon/nyilik-az-ollo-28114 Abgerufen am 02.12.2012
461 Detailergebnisse auf der Homepage der Wahlkommission:
http://www.valasztas.hu/hu/ep2009/7/7_0_index.html Abgerufen am 01.01.2012
462 Vass u.a, 2007; Juhász Attila, A Jobbik politikájának szerepe a pártrendszer válto-
zásában – különös tekintettel a cigánybűnözés – kampányra (Die Rolle der Jobbik bei
der Umgestaltung der Parteienlandschaft – mit besonderem Fokus auf die Kampagne
gegen „Zigeunerkriminalität"). S. 62. f.f.
463 Kolosi Tamás, Tóth István György, Társadalmi Riport 2010 (Gesellschafts - Report
2010), TÁRKI, Budapest, 2010; Rudas Tamás, A Jobbik törzsszavazóiról (Über die
Stammwählerschaft der Jobbik), S. 515 f.
464 Kolosi, 2010; Rudas Tamás, A Jobbik törzsszavazóiról (Über die Stammwählerschaft
der Jobbik), S. 517 f.f.
465 Kolosi, 2010; Rudas Tamás, A Jobbik törzsszavazóiról (Über die Stammwählerschaft
der Jobbik), S.523
466 Detailergebnisse auf der Homepage der Wahlkommission:
http://www.valasztas.hu/hu/onkval2010/455/455_0.html Abgerufen am 02.01.2012

www.ingramcontent.com/pod-product-compliance
Lightning Source LLC
Chambersburg PA
CBHW030918150426
42812CB00046B/317